VEGAN GENIAL

aufregend anders kochen

Josita Hartanto

INHALT

SUPPEN & VORSPEISEN

HAUPTGERICHTE

SNACKS & KLEINE SATTMACHER

DESSERTS

VORWORT

"Die Königin der Kochrezepte ist die Phantasie!"

Vor etwa 13 Jahren entschloss ich mich, mein Hobby zum Beruf zu machen und startete meine Ausbildung zur Köchin in einem renommierten Hotel in Berlin - eine harte, aber sehr schöne Zeit. So erlebte ich Höhen und Tiefen des "Kochdaseins", bis ich eines Tages einen Bericht über die wahren und nackten Tatsachen der Tierhaltung sah. Ich schämte mich ziemlich, dass ich so lange mit diesen "Produkten" gearbeitet hatte, ohne mir wirklich Gedanken darüber gemacht zu haben, was ich da eigentlich in meine Pfannen werfe. So dauerte es nicht lange, da "schmuggelte" ich Sojamilch und Tofu mit zur Arbeit und ließ meine neuen veganen Kreationen mehr und mehr zum Bestandteil der Menügestaltung werden.

Als sich irgendwann die Gelegenheit ergab, als Küchenchefin in einem der ersten veganen Restaurants in Berlin zu arbeiten, musste ich nicht lange überlegen... Wirklich glücklich war ich allerdings erst, als ich meinen eigenen Laden eröffnen konnte!

Nach nun zwei Jahren Selbständigkeit in meinem eigenen veganen Restaurant in Berlin, kann ich mich zwar nicht über Langeweile beklagen, doch das Bedürfnis, auch noch ein eigenes Kochbuch zu schreiben, wurde immer größer. Seit Jahren hortete ich meine Rezeptnotizen, die sich angesammelt hatten, während ich für mich die vegane Küche erforschte

und in ihrem Namen experimentierte - nicht immer zum Wohlwollen meiner Chefs und Arbeitgeber. Das Interesse an der gesunden und abwechslungsreichen Gemüseküche, wie ich sie am liebsten nenne, steigt zusehends und mit ihr der Bedarf und die Nachfrage an guter Lektüre. Immer wieder treten Gäste an mich heran und fragen nach Rezepten zu meinen Gerichten, einige gleich nach einem kompletten Sammelsurium. Den endgültigen Startschuss für ein eigenes Buch gab schließlich ein Verleger, der in meinem Restaurant mit Freunden zum Essen war.

Ich möchte in meinem Kochbuch nicht Omas alte Rezepte in veganisierter Form oder die 999. vegane Bolognese beschreiben. Es geht darum, eine neue Küche zu schaffen. Mir ist wichtig, dass alle Rezepte möglichst mit jedem Fähigkeits- und Fertigkeitsniveau kochbar sind und dem engagierten Hobbykoch genauso viel Freude bereiten wie dem Kochanfänger. Die im Buch verwendeten Zutaten sind alle leicht erhältlich und müssen nicht erst aus speziellen veganen Shops besorgt werden. Aus einfachen Zutaten raffinierte Gerichte zaubern, darum geht es mir.

Viel Spaß beim Kochen, Braten, Backen, Schnippeln und natürlich Genießen!

Vorwort

ANLEITUNG ZUM SATTSEIN

Wenn ich ein Kochbuch aufschlage, ist mir eine gute Übersicht wichtig. Selbst die inspirierendsten Gerichte schaffen durch unübersichtliche Anleitungen und lange Texte Verwirrung, und es macht dadurch einfach keinen Spaß, sie nachzukochen. Ich habe versucht, alle Anweisungen so kurz und so übersichtlich wie möglich zu gestalten. Dazu habe ich auf viel Schnick-Schnack und auch auf Plauderei verzichtet und mich entschieden, der Übersicht den Vorrang zu lassen. Das Glossar soll schon am Anfang des Buches mit ein paar wichtigen Zutaten vertraut machen.

ORDNUNG IST DAS HALBE LEBEN
Um das gewünschte Resultat ohne Nervenzusammenbrüche und Verzweiflung zu erzielen, ist eine gewisse Vorbereitung von Vorteil, womit wir zum nächsten Thema kommen:

DAS MISE EN PLACE.
Nicht nur in der Gastronomie, sondern auch zu Hause lohnt es, sich ein wenig Zeit für die "Arbeit vor der Arbeit" zu nehmen, und sich schon mal alles Benötigte zurechtzulegen. Dadurch entfällt aufhaltendes Suchen von Geräten und Zutaten, was einen inmitten der Kochwut schon mal in den Wahnsinn treiben kann...

Also ist es sinnvoll, sich immer erst einmal das gesamte Rezept durchzulesen. Gemüse waschen. Schneidebrett aufbauen und als erstes alles, was es zu putzen und schälen gibt, erledigen. Eine alte Zeitung z.B. beim Kartoffeln Schälen hilft, den Arbeitsplatz danach in null Komma nichts wieder sauber zu haben. Dann Messer schnappen und alles was es zu schnippeln gibt nacheinander bearbeiten und je nach Rezept getrennt in kleinen Schüsseln bereitstellen. Das erleichtert den Arbeitsablauf und es macht einfach viel mehr Spaß, wenn man nicht zwischendurch immer wieder von vorne anfangen muss, wenn es beispielsweise im Rezept zwei Arbeitsschritte gibt, in denen man Zwiebelwürfel benötigt. Zwischendurch Dinge wegzuräumen die man nicht braucht, kann ein ernüchterndes Küchenchaos, das nach dem Essen auf einen wartet, verhindern.

Die richtige Organisation ist schnell gelernt und dem Kochvergnügen steht nichts mehr im Weg.

Also los geht's!
Ich wünsche gutes Gelingen und viel Spaß!

Soweit nicht anders angegeben, sind alle Rezepte für 4 Portionen.

GLOSSAR

AGAR AGAR

Agar Agar ist ein geschmacksneutrales, pflanzliches Geliermittel. Es wird aus den Zellwänden von Algen hergestellt und zum Andicken, meist bei Desserts, eingesetzt. Agar Agar ist somit eine appetitliche Alternative zu Gelatine. Es ist sehr ergiebig, weshalb schon geringe Mengen eine hohe Gelierkraft haben. Pur muss es grammgenau abgewogen werden, um optimale Ergebnisse zu erhalten. In diesem Buch verwende ich „Agartine" von RUF. Sie enthält neben 20 Prozent reinem Agar Agar noch Maltodextrin, das aus Maisstärke hergestellt wird, dadurch ist sie sehr leicht zu dosieren. Sie ist in Packungen von je drei Beuteln im gut sortierten Supermarkt erhältlich. Selbstverständlich kann in den Rezepten auch die entsprechende Menge reinen Agars verwendet werden. Dieses ist im Asia- oder Bioladen erhältlich.

AGAVENSIRUP ODER AGAVENDICKSAFT

Agavensirup oder Agavendicksaft ist ein aus der Agave gewonnener Saft, er ist zuckerfrei, äußerst schmackhaft, etwas süßer und flüssiger als Honig. Erhältlich im Drogerie- oder Biomarkt.

COUS COUS

Die Kügelchen aus Hartweizengrieß stammen ursprünglich aus Nordafrika. Cous Cous wird nicht gekocht, sondern nur mit heißem Wasser oder Brühe übergossen oder gedämpft. Ob als Beilage, Salat oder Bratling ist er wandlungsfähiger Bestandteil zahlreicher Gerichte.

CURRYPASTE

In einigen Rezepten verwende ich asiatische Currypasten. Es gibt verschiedene Sorten mit unterschiedlichen Zutaten. Die gängigste ist wohl die rote Version. Diese besteht aus getrockneter roter Chili, Zitronengras, Knoblauch, Salz, Schalotten, Galgant, Koriandersamen, Korianderwurzel und Kaffir Limettenschalen. Es gibt noch grüne, gelbe und diverse andere Varianten. Es lohnt sich, einige auszuprobieren, bis man die Lieblingssorte gefunden hat. In Verbindung mit Kokosmilch zaubern sie köstliche Saucen oder Suppen. Aber Achtung, einige Hersteller verwenden Garnelenpaste, also immer Inhaltsangaben checken.

GALGANT

Die Wurzel stammt aus der Ingwerfamilie. In Indonesien als traditionelle Heilpflanze bekannt, sieht sie dem Ingwer sehr ähnlich und hat ein sehr intensives Aroma. Die frische Wurzel ist im Kühlregal von Asia-Läden zu finden. Je nach Rezept kommt sie auch in getrockneter, gemahlener Form zum Einsatz.

GEMÜSEBRÜHE

Beim Gemüse Putzen und Schälen fallen im wahrsten Sinne des Wortes wertvolle Zutaten für eine schnelle, einfache Gemüsebrühe ab. Einfach Zwiebelschalen, Paprika-, Karotten und andere Gemüseabschnitte oder Kräuterstängel gründlich gewaschen in einen großen Topf mit Wasser geben und 15-20 Minuten leise köcheln lassen. Dabei sandige Teile wie Lauch- oder Zwiebelwurzeln nicht mitverwenden. Die Brühe durch ein feines Sieb gießen. Sie kann gut verschlossen mehrere Tage im Kühlschrank aufbewahrt oder eingefroren werden und ist hilfreich bei allen Gerichten, die nach Gemüsebrühe verlangen! Wer braucht denn schon Brühwürfel..? ;)

INGWER

Die wohl bekannteste asiatische Heil- und Würz-
pflanze. Beim Einkauf darauf achten, dass die
Knollen prall sind, die Schnittstellen nicht holzig
sind und die Haut leicht glänzt. Für asiatische Gerichte, Curries und Marinaden, aber auch für Süßspeisen und wohltuende Tees.

MARGARINE

Margarine lässt sich genau wie Butter verwenden.
Im Gegensatz zu Butter ist sie natürlich choleste-
rinfrei. Trotzdem versuche ich, nicht zu viel davon
zu verwenden. Häufig werden gehärtete Fette und/
oder Palmöl verwendet. Beim Kauf darauf achten,
dass keine Molkereiprodukte oder Vitamin D ent-
halten sind, dieses wird in der Regel aus Wollfett
von Schafen oder aus Fischen gewonnen.

MISOPASTE

Würzige Paste aus fermentierten Sojabohnen und
Reis oder Gerste. Sehr lecker für Suppen, Saucen
und Marinaden. Erhältlich im Asia- oder Bioladen.

NORI

Nori besteht aus getrockneten, gerösteten Algen,
zu papierartigen Blättern gepresst. Traditionell
für japanische Sushi. Geben einen „fischigen" Geschmack z.B. in Bratlingen.

PAK CHOI

Asiatische Kohlsorte mit weißem Stiel und dunkel-
grünen Blättern. Ähnlich Mangold oder Chinakohl. Erhältlich in asiatischen Lebensmittelgeschäften.

PFLANZENMILCH UND -SAHNE

Es gibt mittlerweile vielfältige Sorten von Milch-
und Sahnealternativen, von Reismilch über Hafer-,
Reis-, Dinkel- bis hin zur Sojamilch und -Sahne.
Ich persönlich verwende als Milchalternative gerne
Sojamilch, da diese überall erhältlich ist und man
nicht unzählige Reformhäuser abklappern muss,
um ein Rezept nachkochen zu können. Wenn man
nicht mit Sojamilch arbeiten möchte, nimmt man
einfach eine andere der gelisteten Sorten. Die Do-
sierungen bleiben gleich, der Geschmack kann je
nach Rezept jedoch etwas variieren. Bei herzhaften
Gerichten unbedingt darauf achten, dass die Milch
keinen Zuckerzusatz enthält. Sogar verschiedene
aufschlagbare und Sprühsahnealternativen sind
inzwischen erhältlich. Leider sind die meisten mit
Zuckerzusatz, sodass sie nur in süßen Speisen Verwendung finden.

→ **AUF DER VERPACKUNG DÜRFEN PFLANZLICHE
MILCHALTERNATIVEN NICHT DIE ENDUNG „-MILCH"
TRAGEN. BEI MIR HEISST DIE SOJAMILCH JEDOCH SO-
JAMILCH, DIE REISMILCH REISMILCH, JEDWEDE PFLAN-
ZENSAHNE NENNE ICH LIEBEVOLL SAANE UND VEGA-
NEN KÄSE NENNE ICH KEESE. PUNKT! (BESCHWERDEN
BITTE IN DIE BESCHWERDENBOX)!**

POLENTA

Polenta besteht aus Maisgrieß und wird meist zu
einem dicken Brei gekocht. Köstlich mit mediter-
ranen Kräutern und Olivenöl. Die Zubereitung ist
einfach, erfordert aber etwas Fingerspitzengefühl.
Als Faustregel gilt: Ein Teil Maisgrieß auf vier Teile
Wasser oder Flüssigkeit. Polenta muss einige Zeit
gekocht werden, dabei darf der dicke Brei natürlich
nicht anbrennen. Abgekühlt kann man sie z.B. in
Scheiben schneiden und in Olivenöl anbraten.

SAMBAL OELEK

Scharfe indonesische Paste aus roten Chilischoten. Erhältlich im Asia-Laden oder Supermarkt.

SOJASAUCE

Asiatische Würzsauce; in der Regel aus Sojabohnen, Wasser, Salz und Getreide gebraut. Die hellen Sorten sind sehr salzig. Die dunkle, süße Sojasauce (Ketjap Manis) ist dicker und fast schwarz.

TAHIN - SESAMPASTE

Aus gemahlenen Sesamen hergestellt. Für orientalische Gerichte und Saucen

TAMARINDE

Die Früchte der Tamarinde sind 15-20 cm lange, flache Schoten, kommen ursprünglich aus Afrika und sind inzwischen in ganz Lateinamerika und Südostasien verbreitet. Tamarindenpaste gibt es in asiatischen Lebensmittelgeschäften.

TEMPEH

Ist ein Produkt aus fermentierten Sojabohnen, das ähnlich wie z.B. Camenbert mit einem Schimmelpilz geimpft wird. Klingt nicht sehr appetitlich, das Ergebnis kann sich jedoch sehen lassen. Tempeh hat einen hohen Gehalt von hochwertigem Eiweiß und Ballaststoffen. Er schmeckt lecker nussig und ist vielseitig verwendbar. Er kann wunderbar eingefroren werden, ohne dass er dadurch geschmackliche Einbuße erleidet. Im Kühlschrank ist er relativ leicht verderblich, deshalb immer luftdicht verpacken, schnell verbrauchen oder einfrieren. Tempeh gibt es im Bio- oder Asia-Laden

TOFU

Das absolute Multitalent. Von vielen verschmäht.

Er wird aus gekochten und gepressten Sojabohnen unter Verwendung eines Gerinnungsmittels (Nigari) hergestellt. Er ist nicht nur unverzichtbar für leckere asiatische Wokgerichte. Mit Tofu lassen sich zum Beispiel auch etliche köstliche herzhafte und süße Füllungen oder Bratlinge zubereiten. Gut gewürzt und leicht zerbröselt angebraten macht er mit einem kleinen Schluck Saane und etwas frischem Schnittlauch dem klassischen Rührei Konkurrenz. (Ein wenig Kurkuma sorgt für eine schöne gelbe Farbe.) Inzwischen gibt es viele verschiedene Sorten; unter anderem mit Kräutern, Gemüse oder geräuchert. Am besten alle ausprobieren, bis man die Lieblingssorte gefunden hat. Seidentofu ist eine besonders zarte, weiche Sorte und eignet sich bestens für Dessertcremes. Für ein supereinfaches Schokoladenmousse 400g Seidentofu sehr fein pürieren, mit etwas Rum und 200g geschmolzener Bitterschokolade (min. 50% Kakao) vermischen und einige Stunden kaltstellen.

VANILLE

Die Königin der Gewürze wird sie genannt. Das Mark der edlen Schoten verfeinert Süßspeisen und setzt auch so manches Gemüse aufregend in Szene. Sie ist auch in gemahlener Form erhältlich, ist dann etwas weniger aromatisch aber dafür sehr praktisch in der Anwendung. Vanillinzucker hat mit echter Vanille nichts zu tun.

WANTAN/FRÜHLINGSROLLENTEIG

Die quadratischen Teigblätter aus Weizenmehl und Wasser gibt es in der Tiefkühltruhe von asiatischen Supermärkten. Super für knusprige Teigtaschen und -röllchen. Wantan-Teig kann frittiert oder gekocht werden. Achtung: manche Hersteller verwenden Eier bei der Herstellung von Wantan-Teig!

Glossar

DIE WICHTIGSTE AUSRÜSTUNG

IN EINER AMBITIONIERTEN HOBBYKÜCHE SOLLTEN EIN PAAR HELFERLEIN NICHT FEHLEN!

Es ist aber nicht notwendig von allem alles zu haben, also jede tolle Küchenmaschine aus dem Teleshop, die angeblich alle Arbeiten von alleine erledigt. Weniger ist oft mehr und wir wollen schließlich nicht Knöpfe drücken, sondern kochen.

Ein paar elektrische Helfer können einem das Leben aber ungemein erleichtern und für einige Rezepte sind sie sogar unverzichtbar. Mein absolutes Goldstück ist meine Küchenmaschine. Die benutze ich in meiner Restaurantküche wahrscheinlich 20 mal am Tag... Bei den Kosten für die Anschaffung ist da von etwa 80 bis 1000(!) Euro alles drin.

Ich möchte mich hier schon mal bei denen entschuldigen, die keine Küchenmaschine besitzen, da einige Rezepte ohne leider schwer umzusetzen sind... :(Wenn es das Budget erlaubt, sollte man schon so 150 Euro investieren. Dann hat man aber für einige Jahre einen treuen Helfer zuhause, wenn es darum geht, Hülsenfrüchte, Tofu, Nüsse oder Gemüse zu zerkleinern, schnell und einfach Teige anzurühren oder größere Mengen Mayonnaise oder andere Saucen zuzubereiten. Manche Maschinen können einem dank des richtigen Zubehörs in Form von verschiedenen Raspelscheiben z.B. innerhalb von 2 Minuten 5 Kilo Kartoffeln raspeln oder reiben. Sehr praktisch!

Unverzichtbar ist auch ein guter Pürierstab, der nicht nur Suppen oder Shakes im Handumdrehen cremig püriert. Für diesen treuen Helfer darf man ruhig 50-60 Euro investieren, damit man auch Freude daran hat. Ein guter Pürierstab sollte einen abnehmbaren Pürieraufsatz haben. Das erleichtert die Reinigung ungemein. Für einige dieser Modelle gibt es noch andere praktische Aufsätze wie Schnellzerkleinerer oder sogar Eiscrusher. Eine ordentliche Portion Power sollte er auch haben, also gerne 400Watt oder mehr.

Zum Anrühren von (Kuchen-)teig und zum Schlagen von Saane hat sich Muttis altes Handrührgerät immer bestens bewährt!

Dann gibt es noch ein paar kleine Helfer, die in jede Schublade passen:

Ein **(Melonen-)Kugelausstecher** etwa oder ein Apfelausstecher zum einfachen Entkernen von Äpfeln oder Birnen können einen vor fieser Fusselarbeit bewahren.

Ein **scharfer Sparschäler** schält nicht nur flott Kartoffeln und Gemüse, mit ihm lassen sich auch Gurken, Karotten u.ä. in schöne lange Streifen schneiden.

Ein **Teigrädchen** (grade und/oder gewellt) schneidet nicht nur Pizza oder Gebäck, es ist auch sehr hilfreich bei der Herstellung von Raviolis oder Maultaschen.

Teigschaber aus Kunststoff leeren restlos Schüsseln und Töpfe und sind auch sonst einfach "rührend"!

Außerdem helfen **Pfannenwender** und **Bratenzangen** beim täglichen Kampf mit diversem Koch- und Bratgut.

Schneebesen und **Pinsel** in verschiedenen Größen sollten auch nicht fehlen.

Spritzbeutel sind kein Muss, helfen uns aber beim Anrichten von Crèmes, Pürees, ob heiß oder kalt, oder auch, um Füllungen jeglicher Art an seinen Platz zu bekommen. Es ist oft das kleine Saanehäubchen, das einem Gericht den letzten Schliff verpasst.

Eine **Kartoffelpresse** presst nicht nur Kartoffeln für Püree und andere Kartoffelzubereitungen, mit ihr lassen sich auch schnell und umkompliziert Spätzle zubereiten. Alternativ hat sich auch der gute, alte Kartoffelstampfer bestens bewährt. Dann müssen die Spätzle aber mit der Hand geschabt werden...

Ein **Mörser** aus Holz oder Stein zerkleinert ganz rustikal Gewürze und Kräuter.

DIE RICHTIGEN MESSER

Es reicht völlig aus ein **vernünftiges großes Kochmesser** zu besitzen, ein kleines **Schäl-**, bzw. **Tourniermesser** und ein anständiges **Sägemesser**. Das **Kochmesser** ist quasi eine eigene Gattung und in der Regel etwa 15-25cm lang. Es eignet sich für fast alle Arbeiten die anfallen, wie Zerteilen, Schneiden, Hacken, Schnippeln. Stumpfe Messer sind wesentlich gefährlicher als scharfe, da man bei stumpfen Messern automatisch mehr Kraft aufwendet, was leicht zu Unfällen führen kann. Ein gutes Messer ist eine einmalige Anschaffung und sollte euch, bei etwas Pflege, sehr lange begleiten. Das heißt, das Messer nach jedem Gebrauch reinigen (nicht in der Spülmaschine!) und bei regelmäßigem Gebrauch ruhig alle ein bis zwei Wochen oder bei Bedarf nachschärfen. Je nach Messertyp und Budget liegen die Kosten für ein schönes Kochmesser bei etwa 35 bis 75 Euro. Dazu noch einen Schleifstab oder -stein für nochmals etwa 5 bis 50 Euro. Zur Zeit benutze ich einen Schleifstein für 5 Euro aus dem Asia-Laden, der voll und ganz seinen Dienst erfüllt.

Hat man erstmal die richtige Ausrüstung beisammen, stehen vielen aufregenden Kochstunden nix mehr im Wege. Also wetzt die Messer, ladet eure Freunde ein, es wird gekocht!

DIE GARNITUR

Das Auge isst mit, und so sollte man ruhig etwas Zeit und Liebe in einen schön angerichteten Teller investieren. Um den Betrachter zu verzaubern, gibt es vielfältige Möglichkeiten.

Wie zuvor schon angesprochen, gibt es auch hier kleine, praktische Helfer, mit denen im Handumdrehen aus einem Essen ein kleines Kunstwerk wird.

Der **Spritzbeutel** mit verschiedensten Aufsätzen und Tüllen um z.B. Crèmetüpfchen zu zaubern oder auch Kartoffelpüree nett anzurichten.

Servierringe in verschiedenen Größen sind klasse Helfer, um Leckeres akkurat in Form zu bringen.

Kleine **Tropffläschchen** z.B. aus dem Bastelladen setzen gefüllt mit farbigen Sößchen bunte Akzente. Meist reichen schon ein paar Farbtupfer aus, um einem Gericht den letzten Schliff zu verleihen. Diese können aus frischen Kräutern, fein geschnittenen Gemüsestreifen oder farbigen Ölen und Sößchen bestehen. Der Fantasie sind keine Grenzen gesetzt, grundsätzlich sollte jedoch alles, was auf dem Teller liegt, essbar sein. Die Orangenscheibe z.B. sollte dann ohne Schale auf dem Teller landen.

Die wichtigste Ausrüstung

NÜTZLICHE VORRÄTE

VOM HAMSTER ABGESCHAUT: EIN GUT GEFÜLLTER VORRATSSCHRANK IST GOLD WERT. ER ENTHÄLT WICHTIGE GRUNDZUTATEN, DIE IN DER REGEL LANGE HALTBAR SIND UND VON DENEN MAN RUHIG IMMER ETWAS PARAT HABEN KANN. EIN BEUTELCHEN MEHL UND DEN OBLIGATORISCHEN SENF UND EINE FLASCHE KETCHUP HAT JA BEINAHE JEDER ZU HAUSE... ABER RICHTIG EINGEKAUFT, KANN MAN ES SICH AUCH IM FALLE EINES SCHNEESTURMS ODER BEI LANG ANHALTENDEM BALKONIEN-URLAUB SEHR LANGE KULINARISCH GEMÜTLICH MACHEN, OHNE DAS HAUS VERLASSEN ZU MÜSSEN.

STARKE HELFER

Speisestärke: In der Regel aus Mais- oder Kartoffelstärke, wobei Maisstärke die gängigste ist. Es gibt sie günstig in jedem Supermarkt. Sie ist leicht zu verarbeiten und sehr vielseitig verwendbar. Unverzichtbar beim Abbinden von Saucen und Suppen, für Teige, Kuchen und Gebäck.

Kichererbsenmehl: Mein Lieblings-Ei-Ersatz. Das eiweißreiche Pulver aus gemahlenen Kichererbsen hilft vor allem bei herzhaften Gerichten wie Knödeln und Spätzle, aber auch bei allerlei Teigen, zum Beispiel für Waffeln und Crêpes. Hat in rohem Zustand den leicht bitteren Geschmack von rohen Erbsen, der aber in gegartem Zustand wieder verschwindet.
Zu finden im türkischen oder asiatischen Supermarkt oder im Bioladen. Ähnlich funktioniert auch Sojamehl, das es im Bioladen oder auch im gut sortierten Supermarkt gibt.

Reismehl: Gut für Puddings und Pfannkuchen. Gibt's im Asia-Markt oder im Bioladen.

Weizenstärke/Weizenpuder: Zum Backen für Biskuit und Co. Kann in der Regel durch die glutenfreie Maisstärke ersetzt werden, die ist günstiger und leichter erhältlich.

Johannisbrot- und Guarkernmehl: Pflanzliche Bindemittel, die praktischerweise ihre Bindekraft schon in kaltem Zustand entfalten. Gut für kalte Saucen wie Mayonnaisen und Dressings. Erhältlich im Bioladen oder gut sortierten Supermärkten

Backpulver: Hergestellt aus Natriumhydrogencarbonat (Natron) und einem Säuerungsmittel sowie geringen Teilen Stärke, die als Trennmittel dienen. Backpulver lockert insbesondere Rührteige auf. Da in vielen traditionellen Rezepten die gewünschte „Fluffigkeit" durch Zugabe von Ei erreicht wird, darf in entsprechendem veganen Backwerk ruhig etwas mehr Backpulver beigegeben werden. Dafür eignet sich Weinsteinbackpulver, da es auch bei größeren Mengen keinen unangenehmen bitteren Beigeschmack erzeugt.

ALLROUNDER

Hülsenfrüchte, Pasta, Reis, Polenta, Cous Cous: Ob Linsen, Kichererbsen, Basmatireis, Fussili oder Spaghetti. Es lohnt sich immer, etwas von den starken Sattmachern im Haus zu haben.

NÜSSE, CASHEWS, HASELNÜSSE UND MANDELN Echte Allroundtalente mit wertvollen ungesättigten Fettsäuren, Vitaminen, Mineralstoffen wie Magnesium, Eisen und Zink und bis zu 20% Eiweiß. Für Nusscrèmes, Rohköstliches, zum Backen oder geröstet zum Verfeinern von Salaten oder warmen Speisen.

Unterschiedliche Öle wie z.B. Olivenöl und Rapsöl zum Braten und für Dressings. Aromaöle wie Sesamöl, Kürbiskernöl und Nussöle zum Verfeinern und Abrunden von diversen Speisen.

Praktische Konserven: Gefühlt unendlich lange haltbar. Hülsenfrüchte wie Bohnen oder Kichererbsen aus der Dose sind eine zeitsparende Alternative zu getrockneter Ware. Tomatenprodukte wie -mark, -passata oder Pizzatomaten sind sehr hilfreich, nicht nur für schnelle Pastasaucen. Kokosmilch zaubert exotische Akzente. Nur für gesunden Gemüsegenuss empfehle ich dann doch den Gang vor die Tür...

→ WICHTIG IST, DASS ANGEBROCHENE SACHEN IMMER GUT VERSCHLOSSEN WERDEN, DENN LEIDER KANN ZUM BEISPIEL DIE SEHR GEMEINE LEBENSMITTELMOTTE LEICHT MAL DEN KOMPLETTEN VORRATSBESTAND AN GETREIDEPRODUKTEN UND ANDEREN TROCKENWAREN UNBRAUCHBAR MACHEN... UND DAS MÖCHTE MAN DOCH BEI ALLER LIEBE VERMEIDEN...

SUPPEN & VORSPEISEN

Cappuccino
von Kürbis und rotem Curry

1 kleiner Hokkaido Kürbis
2 kleine Zwiebeln
2 Zehen Knoblauch
4 cm Ingwer
Öl
1 TL rote Currypaste
1 EL Zucker
1 TL Korianderpulver
2 l Gemüsebrühe
150 ml Kokosmilch
Saft und Schale einer Limette
Salz, helle Sojasauce

DAS KÜRBISSÜPPCHEN

Den Kürbis mit Schale vorsichtig mit einem großen, schweren Messer halbieren, das kernige Innenleben mit einem Löffel entfernen. Das Fruchtfleisch klein schneiden. Zwiebeln, Knoblauch und Ingwer schälen. In einem großen Topf mit etwas Öl farblos anschwitzen. Kürbis, Currypaste, Korianderpulver und Zucker dazugeben, mit Brühe aufgießen und 20-25 Minuten köcheln lassen. Limette und Kokosmilch dazugeben, pürieren und mit Salz und wenig Sojasauce abschmecken. Je nach gewünschter Konsistenz und Größe des Kürbisses etwas mehr oder weniger Brühe verwenden.

250 ml Kokosmilch
2 Stangen Zitonengras
4 Limettenblätter
1/2 Limette - Saft und Schalenabrieb
Salz

DIE KOKOS - CREMA

Alle Zutaten in einem kleinen Topf etwa 5 Minuten köcheln lassen, durch ein feines Sieb gießen und abschmecken.
Erst kurz vor dem Servieren mit dem Pürierstab, oder, noch besser, mit einem elektrischen Milchschäumer kräftig aufschäumen.
Kürbissuppe in Tassen oder Gläsern anrichten und mit dem Limettenschaum vollenden.

Cappuccino
von Kürbis und rotem Curry

Avocado Apfel Tatar
mit Walnussbonbon

2 reife Avocados
2 grüne Äpfel (Granny Smith)
1 Schalotte
10 Blatt Zitronenmelisse
1/2 Limette Saft und Schale
Salz
schwarzer Pfeffer aus der Mühle
1 EL Walnussöl

DAS TATAR

Äpfel schälen, Avocados längs halbieren und mit einem Löffel aus der Schale lösen. Dabei den Kern entfernen. Avocado, Äpfel und Schalotte fein würfeln, Melisse in feine Streifen schneiden, mit den restlichen Zutaten mischen und lecker abschmecken.

1 kleiner Becher Sojajoghurt (250g)
1 EL Zitronensaft
1 EL Rapsöl
2 EL Saane
1/2 Bund frischer Schnittlauch
Salz
Pfeffer aus der Mühle

DIE SCHNITTLAUCHCRÈME

Schnittlauch in feine Ringe schneiden. Alle Zutaten mit dem Pürierstab oder dem Schneebesen cremig rühren und lecker abschmecken. (Wenn man die Créme mit dem Pürierstab macht, braucht man natürlich den Schnittlauch nur grob schnippeln).

1 Handvoll Walnüsse
2 EL gehackte Petersilie
4 getrocknete Tomaten
1 Strauchtomate
1 EL Agavensirup
12 Wan Tan Blätter
Öl zum Frittieren

DAS WALNUSSBONBON

Alles im Mixer oder Schnellzerkleinerer grob zerkleinern, je einen Teelöffel Füllung auf ein Wan Tan Blatt geben, wie ein Bonbon zusammenrollen, die Enden mit etwas Wasser bestreichen und verzwirbeln. Die Bonbons im heißen Öl schwimmend knusprig braten. Zusammen mit Tatar und Schnittlauchcrème hübsch anrichten. Eventuell mit Dillzweiglein oder Sprossen garnieren.

Avocado Apfel Tatar
mit Walnussbonbon

Linsensalat
mit Fenchel

130 g gelbe Linsen, geschält
2 EL Olivenöl
2 Lorbeerblätter
200ml Wasser
½ TL Salz

DER LINSENSALAT

Linsen in einem Sieb abbrausen und gut abtropfen
lassen. Öl leicht erhitzen und die Linsen darin eine
Minute farblos anrösten. Mit Wasser aufgießen, Lorbeerblätter dazugeben und 5-10 Minuten leise im of-
fenen Topf köcheln lassen. Nach 5 Minuten Kochzeit
Salz dazugeben und verrühren.

100 g Zuckerschoten
1 kleine Fenchelknolle
1 Avocado
½ rote Spitzpaprika
½ Bund glatte Petersilie
2 EL Pinienkerne
heller Balsamicoessig
Olivenöl
Salz, frischer Pfeffer aus der Mühle

DAS FENCHEL TOPPING

Fenchel putzen und ohne Strunk in sehr feine Streifen schneiden oder hobeln. Leicht salzen. 2 EL Öl und
1 EL Balsamico „einmassieren" und zum Durchziehen beiseite stellen. Zuckerschoten in leicht gesalzenem Wasser eine Minute blanchieren; kalt abschrecken. Paprika in feine Ringe schneiden. Pinienkerne
kurz anrösten. Petersilie kleinschneiden. Zuckerschoten, Paprika, Pinienkerne und Petersilie zum Fenchel-
salat geben. Linsen dazugeben und gut vermischen.
Avocado längs halbieren und den Kern entfernen.
Fruchtfleisch mit einem Messer in der Schale kreuz-
förmig einschneiden, dann die so entstandenen Würfel mit einem großen Löffel herauslösen.
Auf dem Salat verteilen, alles mit 3 EL Olivenöl und 2
EL Essig beträufeln und sofort servieren.

*Gelbe Linsen haben eine extrem kurze Garzeit, das ist natürlich
toll, man muss allerdings aufpassen, dass sie nicht verkochen.*

Linsensalat
mit Fenchel

25

Gazpacho
mit Olivencrostini

1 Salatgurke
4 Tomaten
1 rote Paprika
1 kleine Zwiebel
1 Knoblauchzehe
8 Blatt Basilikum
10 cm Staudensellerie
50 ml Olivenöl
1-2EL Zitronensaft
Chilischote ohne Kerne
Salz
Pfeffer aus der Mühle
Wasser

DAS GAZPACHO

Gurke, Zwiebel und Knoblauch schälen. Gemüse grob kleinschneiden. Zusammen mit Olivenöl und Zitronensaft im Mixer oder mit dem Pürierstab fein pürieren. Etwas Wasser dazugeben, bis die gewünschte Konsistenz erreicht ist. Die Suppe sollte nicht zu flüssig sein. Mit Salz und Pfeffer kräftig abschmecken. Bis zum Verzehr gut kühlen und zum Servieren mit etwas Olivenöl beträufeln.

1 Handvoll Oliven, ohne Stein
(schwarz oder grün)
1 TL Kapern
1 kleine Knoblauchzehe
1 Hand voll frische Petersilie
2 EL Olivenöl
4 Scheiben Ciabatta
4 EL Olivenöl
Salz, Pfeffer

DIE OLIVENCROSTINI

Oliven, Kapern Knoblauch und Petersilie fein hacken. Mit Olivenöl verrühren und mit Salz und Pfeffer abschmecken. Schneller geht es in der Küchenmaschine oder im Blitzhacker. Einfach alle Zutaten hinein geben und ein paar Sekunden bearbeiten. Brot mit Olivenöl beträufeln und unterm Grill, im Toaster oder in der Pfanne kurz aufknuspern.
Mit der Olivenpaste bestreichen und noch warm zum Gazpacho servieren.

Beim klassischen Gazpacho wird zusammen mit dem Gemüse noch etwas Weißbrot zur Bindung mitpüriert. Das finde ich aber relativ überflüssig und bevorzuge diese kalorienärmere und rohköstliche Variante.

Gazpacho
mit Olivencrostini

Gemüsesuppe
mit Kokosmilch und Aprikosen-Wan Tans

100 g Tofu

8 getr. Aprikosen

1 EL Paniermehl

1 EL Schnittlauchringe

1 TL Sojasauce

¼ Chilischote ohne Kerne

Salz

20 Wan Tan Blätter

2 Knoblauchzehen

6 cm Ingwer

6cm Galgantwurzel

4 Stangen Zitronengras

2 EL Öl

1 TL Koriander, gemahlen

1 EL Tomatenmark

2 Tomaten

50 ml Weißwein

1,5 l Wasser oder Gemüsebrühe

½ TL Sambal Oelek oder rote
  Currypaste

Salz

200ml Kokosmilch

2 EL Zitronensaft

1 EL Sojasauce

½ Bund Koriander

Gemüse nach Belieben
z.B. Zuckerschoten, Pak Choi,
  Babymais

DIE WAN TANS

Tofu mit der Gabel zerdrücken, Aprikosen und Chili fein hacken. Mit den restlichen Zutaten vermischen. Ein kleines Schüsselchen mit kaltem Wasser bereitstellen.

Wan Tan Blätter auf der Arbeitsfläche verteilen, immer nur ein paar auf einmal, denn der Teig trocknet schnell aus. Jeweils einen Teelöffel Füllung in die Mitte eines Wan Tan Blattes geben. Mit den Fingern oder einem Pinsel zwei Seiten mit etwas Wasser bestreichen, diese diagonal über der Füllung zusammenschlagen und festdrücken. Den Wan Tan in beide Hände nehmen und die Ränder leicht zusammendrücken, sodass ein kleines Säckchen entsteht. Dabei sorgfältig die Luft aus dem Täschchen streichen.

DIE GEMÜSESUPPE

Knoblauch, Ingwer, Galgant und das untere Drittel vom Zitronengras fein reiben und im heißen Öl kurz anbraten. Tomatenmark, Sambal Oelek und Korianderpulver dazugeben. Tomaten fein hacken und ebenfalls dazugeben. Alles eine Minute unter Rühren anschwitzen. Mit Weißwein ablöschen. Mit Brühe oder Wasser und etwas Salz auffüllen und 20 Minuten köcheln lassen. Durch ein Sieb passieren und zurück in den Topf geben. Gemüse, Kokosmilch und Wan Tans dazugeben und 2 Minuten sanft köcheln lassen. Mit Sojasauce, Salz und Zitronensaft abschmecken. Sofort mit gehacktem Koriander bestreut servieren.

Ein wenig mehr Biss bekommen die Wan Tans, wenn sie vorher in etwas Öl leicht angebraten werden.

Gemüsesuppe
mit Kokosmilch und Aprikosen-Wan Tans

Russischer Borschtsch
Unaussprechlich, aber einfach lecker!

3 rote Zwiebeln
2 Knoblauchzehen
1 mittelgroße Rote Bete
250 g Weißkohl
4 Kartoffeln
2 EL Olivenöl
1 EL Tomatenmark
100ml helles Bier
2 Zweige Thymian
4 Lorbeerblätter
1 Prise Majoran, getrocknet
1 Liter Gemüsebrühe
Pfeffer, Salz

Zwiebeln, Kartoffeln und Rote Bete schälen. Kartoffeln in Würfel, Zwiebeln und Weißkohl in feine Streifen schneiden. Rote Bete grob raspeln. Knoblauch schälen und fein hacken. Alles 5 Minuten im heißen Öl anschwitzen. Tomatenmark dazugeben, gut verrühren und mit Bier ablöschen. Kräuter und Brühe dazugeben und das Süppchen 15-20 Minuten leise köcheln lassen. Mit Salz und Pfeffer lecker abschmecken.

Russischer Borschtsch
Unaussprechlich, aber einfach lecker!

Geeistes Kohlrabisüppchen
(Rohköstlich)

ca. 300 g Kohlrabi, geputzt und
  geschält
1 Schalotte
Saft und abgeriebene Schale einer
  Limette
350ml Wasser
100 g Cashewkerne, über Nacht
  eingeweicht
½ TL Salz
2 EL Agavensirup
4 EL Olivenöl
8 Blatt Minze
¼ Chilischote
Pfeffer
evtl. etwas crushed Ice zum Servieren

Kohlrabi in Würfel schneiden, Schalotte schälen und ebenfalls kleinschneiden. Alle Zutaten im Mixer oder mit dem Pürierstab einige Minuten sehr fein pürieren. Das cremige Süppchen mit Salz und Pfeffer lecker abschmecken. Eiskalt servieren.

Wer mag, kann als Einlage noch einige Radieschen- oder Rettichwürfel, feine Champignonscheiben oder Croutons und etwas Kürbiskernöl auf die Suppe geben.

Geeistes Kohlrabisüppchen
(Rohköstlich)

Rote Bete im Haselnussmantel
mit Feldsalat und Himbeerdressing

DIE ROTE BETE

4 mittelgroße Rote Bete Knollen

4 EL Olivenöl

4 Zweige Thymian

2 EL Balsamicoessig

2 EL Agavensirup

1 Knoblauchzehe

¼ TL Salz

Rote Bete schälen und in mundgerechte Stücke schneiden. Mit den restlichen Zutaten mischen, auf einem Backblech verteilen und bei 150°C im Ofen ca. 20 Minuten garen, bis sie weich sind, aber noch Biss haben. Inzwischen Panade und Dressing zubereiten und Salat putzen und waschen.

1 Schale Feldsalat oder ein anderer
   Pflücksalat

DAS HIMBEERDRESSING

1 Handvoll Himbeeren (TK)

4 EL Himbeeressig

50 ml Apfelsaft

50 ml Olivenöl

2 EL Agavensirup

Salz

Himbeeren auftauen lassen.
Alle Zutaten pürieren und durch ein feines Sieb streichen.

DIE PANADE

200 ml Sprudelwasser

4 geh. EL Mehl

2 EL Speisestärke

4 EL gemahlene Haselnüsse

½ TL Majoran, getrocknet

1 TL Backpulver

½ TL Salz

Öl zum Frittieren

Alle Zutaten für die Panade gründlich zu einem dickflüssigen Teig rühren. (Pürierstab)

Öl in einem schweren Topf erhitzen, bis an einem hineingehaltenen Holzlöffel- oder stäbchen kleine Bläschen hochsteigen. Hitze etwas zurückschalten.

Die abgekühlten Rote Bete-Stückchen leicht mit Mehl bestäuben und durch den Backteig ziehen. Mit einer Gabel herausholen, etwas abtropfen lassen und im heißen Fett knusprig ausbacken. Mit einer Schaumkelle herausholen und auf Küchenpapier abtropfen lassen.

Salat nach Belieben mit dem Dressing mischen und sofort mit der frisch gebackenen Roten Bete servieren. Nach Lust und Laune mit gerösteten Haselnussblättchen und frischen Himbeeren garnieren.

Frittierfett niemals
unbeaufsichtigt lassen!

Und immer einen ausreichend großen Topf verwenden, damit eventuell hoch sprudelndes Fett genug Platz hat!

Schneller geht's mit fertig gegarter Roter Bete aus dem Supermarkt. Diese vorm Ausbacken kurz mit etwas Balsamico, Salz, Pfeffer und etwas getrocknetem Oregano einreiben und kurz durchziehen lassen. Das ist zwar praktisch, aber wenn man geschmacklich punkten will, geht nichts über die Rote Bete aus dem Ofen.

Rote Bete im Haselnussmantel
mit Feldsalat und Himbeerdressing

Spargelsalat
mit Rucola und Honigmelone

100ml Orangensaft
½ TL Senf
3 EL heller Balsamicoessig
6 EL Olivenöl
2 EL Agavensirup
Salz, Pfeffer

DAS ORANGEN-SENF DRESSING

Alle Zutaten für das Dressing in ein kleines Schraubglas geben, gut verschließen und kräftig durchschütteln. Mit Salz und Pfeffer abschmecken.

Saft und abgeriebene Schale einer Bio-
Limette
¼ Chilischote ohne Kerne fein gehackt
(oder etwas Chili-Pulver)
2 EL Agavensirup
je ¼ TL Koriander und
Kreuzkümmelsamen

DIE LIMETTEN-CHILI MARINADE

Koriander- und Kreuzkümmelsamen ein paar Sekunden in einer heißen Pfanne rösten und im Mörser fein mahlen. Mit den restlichen Zutaten für die Marinade gut vermischen.

ca. 300 g Rucola, gewaschen und
geputzt
ca. 600 g weißer Spargel
1 kleine Galia Melone
½ Salatgurke
1 EL Olivenöl
Salz, Zucker
etwas Wasser oder Gemüsebrühe

Kerbel
evtl. Pinienkerne

DER SPARGELSALAT

Die Honigmelone mit dem Kugelausstecher bearbeiten oder in Würfel schneiden und mit der Marinade mischen. 15 min durchziehen lassen. 600g Spargel schälen und schräg in ca. 2cm lange Stücke schneiden und in 1 EL Olivenöl farblos anbraten, salzen, leicht zuckern, dann mit einem Schluck Gemüsebrühe oder Wasser ablöschen und 3-4 Minuten dünsten. Gurke in feine Scheiben hobeln oder schneiden und fächerartig auf den Tellern verteilen. Rucola mit dem Spargel mischen und nach Belieben mit dem Dressing marinieren. Auf den Gurkenscheiben anrichten und die Melonenkugeln anlegen.

Mit Kerbel und eventuell gerösteten Pinienkerne garnieren und sofort servieren.

Spargelsalat
mit Rucola und Honigmelone

Auberginensalat

1 große Aubergine

3 El Olivenöl

3 Zweige Thymian

3 Tomaten

2 Schalotten

10 Blatt Minze

2 Zweige Petersilie

3 EL Pinienkerne

2 EL hellen Balsamicoessig

2 rote Paprikaschoten

2 EL Orangensaft

5 EL Olivenöl

2 EL Zitronensaft

½ Knoblauchzehe

¼ TL Guarkernmehl

2 EL Ahornsirup

250 g gekochte grüne Bohnen
Salz, Pfeffer

Aubergine abschälen und in kleine Würfel schneiden. Blätter von den Thymianzweigen streifen und mit Olivenöl, Auberginen und ¼ TL Salz in einer großen Schüssel mischen. Auf ein Backblech geben und ca. 7 Minuten im Ofen bei 170°C garen, bis die Auberginenwürfel weich sind. (Vorsicht, zu lange und sie werden matschig) Tomaten vierteln, Strunk entfernen und entsorgen. Kerne herausschneiden und beiseite legen. Tomatenviertel in kleine Würfel schneiden.

Schalotten schälen und in sehr feine Würfel, Kräuter in feine Streifen schneiden. Pinienkerne rösten und alles mit den Auberginen- und Tomatenwürfeln mischen. Mit Essig, Salz und Pfeffer kräftig abschmecken. Paprikaschoten mit dem Sparschäler abschälen. Kleinschneiden und mit dem beiseite gestellten Tomateninnenleben und den restlichen Zutaten fein pürieren und lecker abschmecken.

Auberginensalat mit Paprikasößchen und grünen Bohnen servieren.

Auberginensalat

Glasnudelsalat
mit Kimchi

½ Kopf Chinakohl
1 TL Salz
2 kleine Möhren
1 TL Sambal Oelek
½ TL Paprikaflocken
1 Knofizehe
4 cm Ingwer, geschält
1 TL helle Sojasauce
¼ Noriblatt
1 EL Öl

200 g Glasnudeln
4 Stängel Zitronengras
ca. 4cm Ingwer
1 Knoblauchzehe
1 rote Zwiebel
1 rote Spitzpaprika
2 Möhren
1 kl. Schale Zuckerschoten
1 kl. Schale Babymais
3 EL Öl
Salz
100ml Orangensaft

1 Limette
½ -1 Chilischote
3 EL Sweet Chili Sauce
2 EL helle Sojasauce

1 kl. Bund Koriander
ca. 15 Blätter Thai-Basilikum

DER KIMCHI

Chinakohl erstmal nicht waschen. In Stücke schneiden und salzen. Mindestens 2 Stunden, am besten aber über Nacht ziehen lassen. Nun den Kohl in einem Sieb gründlich abwaschen. Möhren schälen, grob raspeln und dazugeben. Für die Würzpaste die restlichen Zutaten im Schnellzerkleinerer oder mit dem Mörser zerkleinern und gut mit dem Kohl vermischen.

DER GLASNUDELSALAT

Glasnudeln in leicht gesalzenem Wasser eine Minute kochen, abgießen und (ausnahmsweise) kurz mit kaltem Wasser abschrecken. Ingwer schälen. Vom Zitronengras das untere Drittel fein reiben, Ingwer und Knoblauch ebenfalls reiben oder fein hacken. Zwiebel in Streifen, Möhren in feine Stifte, Paprika in Ringe schneiden. Zuckerschoten und Mais nach Belieben ebenfalls kleinschneiden. Gemüse, Ingwer, Knoblauch und Zitronengras im heißen Öl kurz anbraten. Leicht salzen. Mit Orangensaft ablöschen, vom Herd nehmen.

Limettenschale abreiben, Saft auspressen. Chilischote in feine Ringe schneiden (Kerne entfernen, sonst wird es sehr scharf....) Kräuter in feine Streifen schneiden. Alles zusammen mit Chili- und Sojasauce zum Gemüse geben. Mit den Glasnudeln vermischen und lecker abschmecken.

Mit Kimchi und nach Belieben mit gebratenem Tempeh oder Tofu servieren.

Kimchi oder auch Kimchee gibt es in Korea zu fast allem. Traditionell wird er in Tontöpfen fermentiert, also tage- bis wochenlang vergoren. Ich bevorzuge diese einfache und frischere Variante. Kimchi dient eher als würzende Beigabe und nicht als Salat.

Glasnudelsalat
mit Kimchi

Mushroom Tea

180 g Shiitakepilze, getrocknet
1,5 Liter Wasser

250 g Champignons
100 g Austernpilze
2 Knoblauchzehen
2 große Zwiebeln
10cm Lauch
1 Möhre
6cm Ingwer
1 Tomate

150ml Weißwein
1TL Salz
5 Pfefferkörner
½ Bund Petersilie

Shiitakepilze waschen und im Wasser mindestens eine Stunde einweichen. Von den Champignons die Stiele entfernen. Köpfe in Scheiben schneiden und beiseite stellen. Zwiebeln mit Schale waschen und quer halbieren. In einer schweren Pfanne mit der Schnittseite nach unten dunkelbraun anrösten, das gibt Farbe und Geschmack.

Knoblauchzehen, Lauch, Möhren, Tomate und Ingwer kleinschneiden. Petersilie zupfen, die Blätter fein hacken und beiseite stellen.

Shiitakepilze samt Wasser in einen großen Topf geben. Gemüse, Champignonstiele, Austernpilze, Petersilienstängel, Weißwein, Salz, Pfeffer und gebräunte Zwiebel dazugeben. Auf kleiner Flamme aufkochen und etwa 30 Minuten leise köcheln lassen. Durch ein sehr feines Sieb gießen und die Suppe zurück in den Topf geben. Champignonscheiben in der Suppe garziehen lassen, abschmecken und mit gehackter Petersilie bestreut servieren.

Mushroom Tea

Ceasar conquered Paradise

100 ml Maracujasaft
50 ml neutrales Öl
1/2 TL milder Senf
50 ml Saane
50 ml Mangopüree
1/4 Chilischote gehackt
1 Limette - Saft und Abrieb
Salz

DAS DRESSING

Alle Zutaten in einen Mixbecher geben und mit dem Pürierstab cremig rühren. Abschmecken mit Salz und Limettensaft.

150 ml Mineralwasser
3 EL Kichererbsenmehl
1 EL weißer Sesam
1 El schwarzer Sesam
1/2 TL Sambal Oelek
Salz
8 Scheiben Ciabatta Brot
(gerne auch vom Vortag)
Öl zum Braten

DIE CROUTONS

Alles, bis auf das Ciabatta gründlich zu einem dünnen Teig rühren und in einen tiefen Teller geben. Die Brotscheiben darin ca. 20 Minuten einlegen, bis sie weich sind, herausnehmen und im heißen Öl von beiden Seiten knusprig goldbraun braten.

1 schöne, reife Mango
2 Römersalatherzen

DER SALAT

Den Salat in Streifen schneiden, die Mango schälen und in Würfel oder Spalten schneiden. Mit etwas Dressing marinieren, zusammen mit den Croutons anrichten und sofort servieren. Eventuell mit frittierten Glasnudeln und frischer Maracuja garnieren.

Das übrige Dressing hält in einem Schraubglas noch eine ganze Weile im Kühlschrank.

Ceasar conquered Paradise

Paprika-Misosuppe

2 rote Paprikaschoten
2 gelbe Paprikaschoten
1 weiße Zwiebel
2 Knoblauchzehen
2 EL Margarine
1 EL Tomatenmark
50 g getrocknete Tomaten
1,2 – 1,5 Liter Gemüsebrühe
2 EL helle Misopaste
50ml Olivenöl
Salz, Zucker
Zitronensaft

Zwiebel schälen, Paprikaschoten putzen und klein-schneiden. Beides mit Knoblauch in der Margarine ein paar Minuten anschwitzen. Tomatenmark und grob geschnittene getrocknete Tomaten dazuge-ben. Mit Brühe auffüllen und in etwa 15 Minuten weichkochen. Miso dazugeben. Pürieren und je nach gewünschter Konsistenz noch etwas Brühe dazuge-ben. Durch ein feines Sieb passieren. Mit Olivenöl aufmontieren und mit Salz, Zucker und Zitronensaft lecker abschmecken.

Das Olivenöl in einem feinen Strahl bei laufendem Pürierstab in die Suppe geben. Dadurch wird sie schön cremig und bekommt etwas Bindung. Miso ist von sich aus schon relativ salzig. Die Suppe also erst zum Schluss eventuell mit Salz vollenden. Feiner wird die Suppe, wenn sie nach dem Pürieren durch ein feines Sieb gestrichen wird.

Paprika-Misosuppe

Rote Zwiebelsuppe
mit Keeseplätzchen

6-8 rote Zwiebeln
2 Knoblauchzehen
2 EL Olivenöl
1/2 TL Mehl
1 EL Tomatenmark
100ml Weißwein
2 Zweige Thymian
4 Lorbeerblätter
1 Prise Majoran, getrocknet
800ml Gemüsebrühe
Pfeffer, Salz

DIE ROTE ZWIEBELSUPPE

Zwiebeln schälen und in feine Streifen schneiden. Knoblauch fein hacken. Beides 5 Minuten im heißen Öl anschwitzen. Mehl und Tomatenmark dazugeben, gut verrühren und mit Weißwein ablöschen. Kräuter und Brühe dazugeben und das Süppchen 15 Minuten leise köcheln lassen. Mit Salz und Pfeffer abschmecken.

2 Platten Blätterteig
2 EL Margarine
2 geh. EL Mehl
1 EL Kartoffelmehl
200ml Sojamilch
2 EL Hefeflocken
Salz

DIE KEESEPLÄTZCHEN

Margarine, Sojamilch und Mehlsorten mit dem Schneebesen gut verrühren. Leicht salzen, unter ständigem Rühren aufkochen und 2 Minuten köcheln lassen. Hefeflocken einrühren und abschmecken. Blätterteig in kleine Quadrate schneiden und jeweils zwei Stück mit der Crème zusammensetzen. Leicht zusammendrücken und bei 200°C im Backofen 10-12 Minuten knusprig goldbraun backen.

Mit der heißen Zwiebelsuppe servieren.

Rote Zwiebelsuppe
mit Keeseplätzchen

Ratatouille-Crèmesüppchen

1 Zwiebel

2 Knoblauchzehen

je 1 Zweig Rosmarin und Thymian

1 rote Paprikaschote

½ Aubergine

1 Zucchini

4 Tomaten

3 EL Olivenöl

1 TL Tomatenmark

1 gestrichener EL Zucker

1,2-1,5 l Gemüsebrühe

100ml Saane

½ Bund Basilikum

1 EL heller Balsamicoessig

Salz, Pfeffer

DAS GEMÜSECREMESÜPPCHEN

Zwiebel schälen, Kräuter vom Zweig zupfen. Paprika putzen. Paprika, Zwiebel und restliches Gemüse kleinschneiden und mit Knoblauch und Kräutern im Olivenöl anschwitzen. Tomatenmark und Zucker dazugeben und kurz mitbraten. Mit Gemüsebrühe auffüllen und ca. 15-20 Minuten leise köcheln lassen. Saane dazugeben und nochmals aufkochen und Basilikum dazugeben. Pürieren. Je nach gewünschter Konsistenz noch etwas Brühe dazugeben und durch ein feines Sieb passieren. Mit Salz, Pfeffer und Balsamico lecker abschmecken.

Mit frischem Baguette, Croutons oder Tomaten-Bruschetta servieren.

Die Tomaten-Bruschetta

Ciabatta oder Baguette in etwa 2cm dicke Scheiben schneiden. In einer Pfanne mit etwas Olivenöl und einer Knoblauchzehe von jeder Seite knusprig braten. Tomaten ohne Kerne in kleine Würfel schneiden. Mit ein paar feinen Schalottenwürfelchen, frischem Basilikum und gutem Olivenöl vermischen, salzen und pfeffern und auf den knusprigen Brotscheiben verteilen. Sofort servieren.

Ratatouille-Crèmesüppchen

Graupensalat
mit Apfel und Sellerie

150 g Graupen
600ml Gemüsebrühe oder Wasser
200 g Knollensellerie
1 EL Zucker
2 EL Olivenöl
Salz

DER GRAUPENSALAT

Graupen in einem Sieb mit kaltem Wasser abbrausen, dann in einem Topf mit Gemüsebrühe oder Wasser mit etwas Salz etwa eine halbe Stunde bei geschlossenem Deckel köcheln lassen bis sie weich sind. Restliche Flüssigkeit abgießen.
Sellerie in kleine Würfel schneiden. Mit Zucker und Olivenöl in der Pfanne leicht karamellisieren. Dezent salzen. Einen kleinen Schluck Wasser oder Brühe dazugeben und ein paar Minuten dünsten bis er weich ist, aber noch einen schönen Biss hat. In eine große Schüssel geben.

Saft und Schale von einer halben
  Zitrone
4 EL Olivenöl
1 EL Walnussöl
15cm Staudensellerie
3 frische Feigen
1 kl. Bund Petersilie
½ Bund Basilikum
4 EL Walnüsse
2 EL Agavensirup
Salz, Pfeffer

DAS SELLERIE DRESSING

Walnüsse und Petersilie grob hacken, Feigen in Würfel schneiden, Selleriestange und Basilikum in feine Streifen schneiden. Alles zusammen mit den Ölen, Zitrone und Agavensirup in die Schüssel zum Sellerie geben. Graupen dazugeben, gut durchmischen und 15 Minuten durchziehen lassen. Mit Salz und Pfeffer lecker abschmecken.

2 Äpfel
1 EL Margarine
2 EL Zucker
4 EL Calvados

DAS APFEL TOPPING

Inzwischen Äpfel schälen und ohne Kerngehäuse in Spalten schneiden. Zucker in einer Pfanne schmelzen, Margarine und Apfelspalten dazugeben und karamellisieren. Mit Calvados ablöschen und noch warm mit dem Graupensalat servieren.

Graupensalat
mit Apfel und Sellerie

Knuspercaprese

200 g Tofu
4 EL Olivenöl
1 TL heller Balsamicoessig
1 TL helle Misopaste
2 Zweige Thymian, gezupft
2 feste, große Tomaten
etwas Mehl
4 EL Speisestärke
50 ml Wasser
ca. 70 Gramm Paniermehl
Salz, Pfeffer

DIE CAPRESE

Tofu in gut 1/2 cm dicke Scheiben von etwa 4x4cm schneiden (je nach Größe des Blocks). Öl, Essig und Miso mit Thymian und etwas Salz gründlich zu einer Marinade rühren, den Tofu darin etwa eine Stunde marinieren, gerne auch über Nacht. Tomaten in je 4 dicke Scheiben schneiden, dabei sparsam das Ober- und Unterteil wegschneiden und für ein anderes Rezept verwenden. Die Scheiben salzen und auf Küchenkrepp etwa 15 Minuten abtropfen lassen, vorsichtig abtupfen und leicht mit Mehl bestäuben. Stärke mit Wasser und etwas Salz verrühren. Tomaten durch den Teig ziehen und in Paniermehl wenden. Dabei darauf achten, dass auch die Ränder gut bedeckt sind.

1 Bund Rucola
2 EL geröstete Pinienkerne
50 ml Olivenöl
2 TL Kapern
Salz
12 grüne Oliven ohne Stein

DAS OLIVEN KAPERN PESTO

Alles im Schnellzerkleinerer oder mit dem Mörser zerkleinern.

1 Bund Rucola
etwas Olivenöl und Balsamicoessig
4 Zweige Basilikum

Öl zum Braten

DER SALAT

Panierte Tomatenscheiben bei mittlerer Hitze von beiden Seiten knusprig braten. Salat leicht mit Essig und Öl marinieren. Auf Tellern anrichten, erst Tofu, dann gebackene Tomate darauf stapeln und mit frischem Basilikum und Pesto garnieren.

Knuspercaprese

Rote Bete-Kokossuppe

4 mittelgroße Rote Bete Knollen
2 Schalotten
3 EL Öl
1 EL Zucker
½ TL Currypulver
50ml Weißwein
800ml Wasser oder Gemüsebrühe
100ml Apfelsaft
300ml Kokosmilch
Saft einer halben Limette
¼ – ½ Chilischote
Salz
etwas Agavensirup
weißer Balsamicoessig

Rote Bete und Schalotten schälen. Beides klein-schneiden und im Öl etwa 2-3 Minuten anschwitzen. Mit Zucker leicht karamellisieren. Currypulver dazugeben und mit Weißwein ablöschen. Mit Apfel-saft und Wasser aufgießen und etwa 20-25 Minuten köcheln lassen bis die Rote Bete richtig weich ist. Kokosmilch dazugeben und weitere 2 Minuten ko-chen. Gut pürieren und eventuell durch ein feines Sieb streichen. Falls die Suppe zu dick ist, noch etwas Wasser oder Apfelsaft hinzufügen. Limettensaft da-zugeben und mit Salz, Chili und Agavensirup und et-was weißen Balsamicoessig lecker abschmecken.

*Als Einlage eignet sich z.B. gegrillter Tofu, Gemüsechips, oder
einfach ein paar Apfel- oder Birnenwürfel.*

Rote Bete-Kokossuppe

Miso-Gurkensalat
mit geräuchertem Sesamtofu

2 Salatgurken

Saft und abgeriebene Schale einer
   Limette
¼ Chilischote
6 Tropfen Sesamöl
1-2 TL helle Misopaste
2 EL Öl
Salz

200 g Räuchertofu
3 EL Speisestärke
2 EL süße Chilisauce
1 EL Sesam
Öl zum Braten

DER GURKENSALAT

Salatgurken mit dem Sparschäler längs in feine
Streifen schneiden, dabei das weiche Kerngehäuse
entfernen. Zutaten für die Marinade gut vermischen
und dazugeben. Erst kurz vorm Servieren mit Salz
abschmecken.

DER TOFU

Tofu in Würfel schneiden. In einer Schüssel mit Stärke, Chilisauce und Sesam vermischen. Öl in einer beschichteten Pfanne erhitzen und den Tofu darin unter
gelegentlichem Wenden knusprig braten.

Miso-Gurkensalat
mit geräuchertem Sesamtofu

Mole-Tofu
mit Avocadosalsa und Knoblauchbaguette

2 Avocados

1 rote Paprikaschote

½ Gurke

1 rote Zwiebel

¼ rote Chilischote

12 Blatt Koriander

Saft und abgeriebene Schale einer
Limette

2 EL Olivenöl

Salz, Pfeffer

600 g Tofu

1 Knoblauchzehe

1 Zwiebel

½ – 1 TL Sambal

1 TL Cumin

2 TL Koriander

1 EL Tomatenmark

1 Msp Zimt

1 TL Kakaopulver

Salz

Olivenöl

2 Stangen Frühlingslauch

1 Baguettebrot

2 Knoblauchzehen

4 Kirschtomaten

6 EL Olivenöl

Salz

DIE AVOCADOSALSA

Gurke und Zwiebel schälen. Paprika putzen.
Avocados halbieren, den Stein entfernen und mit
einem Löffel das Fruchtfleisch aus der Schale lösen.
Alles in sehr kleine Würfel schneiden und in eine
Schüssel geben. Chili und Koriander fein hacken, dazugeben. Mit Limettensaft und Schale und Öl beträufeln und vorsichtig durchmischen. Kurz durchziehen lassen. Kurz vorm Servieren mit Salz und Pfeffer
abschmecken.

DER MOLE-TOFU

Tofu in Würfel schneiden und salzen. Knoblauch fein
hacken, Zwiebel in kleine Würfel schneiden. Frühlingslauch in feine Ringe schneiden.

Tofu in etwa 3-4 EL Öl leicht braun anbraten. Knoblauch und Zwiebel dazugeben. Tomatenmark, Sambal
und Gewürze (außer Kakao) 2-3 Minuten mitbraten.
Vom Herd nehmen, Kakaopulver unterrühren und
mit Frühlingslauchringen bestreuen.

DAS KNOBIBROT

Knoblauchzehen und Tomaten mit dem Olivenöl fein
pürieren. Baguette halbieren und beide Hälften quer
aufschneiden. Die vier Stücke mit dem Knoblauchöl
bestreichen und leicht mit Salz bestreut ca. 7-10 Minuten im Ofen knusprig backen.

Mole-Tofu
mit Avocadosalsa und Knoblauchbaguette

Radieschen-Blumenkohlsalat
mit Curry

1 kleiner Blumenkohl
1 große rote Zwiebel
5 EL Olivenöl
2 EL Zucker
2 TL indisches Currypulver
4 EL weißer Balsamicoessig
Salz

12 Radieschen

Blumenkohl halbieren, den Strunk herausschneiden und den Rest in möglichst feine Scheibchen schneiden. Dabei fällt er ziemlich auseinander, aber das muss so sein! Leicht salzen. Zwiebel in feine Würfel schneiden. Radieschen halbieren und in feine Scheibchen schneiden.

Olivenöl in einer Pfanne erhitzen, Zwiebelwürfel darin etwa eine Minute glasig anschwitzen, Zucker und Curry dazugeben, ganz kurz mitbraten, dann mit Balsamico ablöschen. Herd ausstellen. Blumenkohl gut mit der Marinade vermischen, mit Salz und Olivenöl abschmecken. Etwa 20 Minuten durchziehen lassen. Radieschen erst kurz vorm Servieren unterheben.

Statt Blumenkohl macht sich auch Spitzkohl sehr gut, einfach in feine Streifen schneiden und wie im Rezept verarbeiten. Lecker sind auch getrocknete Cranberries oder Walnüsse, die einfach zum Schluss unter den Salat gehoben werden.

Radieschen-Blumenkohlsalat
mit Curry

Rohköstlicher Spargelcocktail

150 g Cashewkerne
1 EL Zitronensaft
1/2 Orange - Saft und Abrieb
50 ml Rapsöl
1 EL Agavensirup
50 g getrocknete Tomaten
1 Strauchtomate
1 TL frisch geriebener Meerrettich
  (kann man auch weglassen)
1/2 Bund Schnittlauch
Salz
Pfeffer aus der Mühle

8 -12 mittelgroße Stangen weißer
  Spargel, geschält (etwa 500g)
12 Kirschtomaten
1 Avocado
8 Blatt Basilikum
Salz
4 Salatblätter
evtl. Petersilie zum Garnieren

DIE COCKTAILSAUCE

Cashewkerne und getrocknete Tomaten jeweils in einer Schüssel mit warmem Wasser mindestens 2 Stunden einweichen, abgießen und mit den restlichen Zutaten bis auf den Schnittlauch im Mixer zu einer sehr feinen Paste pürieren und lecker abschmecken. Schnittlauch in feine Ringe schneiden und unterheben.

DER SPARGEL

Spargel mit dem Sparschäler in feine lange Streifen schneiden, diese leicht salzen. Die Kirschtomaten halbieren, die Avocado würfeln und die Basilikumblätter grob zupfen. Die Spargelstreifen mit 6-8 EL von der Paste gut vermischen, eventuell noch einen kleinen Schluck Wasser dazugeben. Tomaten, Avocado und Basilikum unterheben.

Salatblätter in sehr feine Streifen schneiden. Den Salat in schöne Gläser schichten, garnieren und sofort servieren.

*Die restliche Cocktailsauce hält sehr gut verpackt & gekühlt
3-4 Tage im Kühlschrank.*

Rohköstlicher Spargelcocktail

Warmer Pumpernickelsalat

2 rote Paprikas
250 g braune Champignons
6 Scheiben Pumpernickel
4 EL Olivenöl
Salz, Pfeffer aus der Mühle

2 El Agavensirup
2 EL heller Balsamicoessig
4 EL Pinienkerne
200 g Rucola

Paprikas und Champignons putzen. Champignons vierteln, Paprikas längs in Streifen schneiden. Pumpernickelscheiben erst vierteln, dann in Dreiecke schneiden. Pinienkerne ohne Fett in einer kleinen Pfanne hellbraun rösten. Paprikas und Champignons in 4 EL Olivenöl 2 Minuten scharf anbraten. Salzen, pfeffern. Pumpernickel dazugeben und 1 Minute mitbraten. Agavensirup und Essig dazugeben, Herd ausschalten, alles gut durchmischen.

Rucola und geröstete Pinienkerne unterheben und sofort servieren.

Warmer Pumpernickelsalat

HAUPTGERICHTE

Auberginenschnitzel
mit Radieschen und Blumenkohlpüree

1 große Aubergine
1/2 Tasse Mehl
1 TL Currypulver
6 EL Speisestärke
100 ml Wasser
1 Tasse Paniermehl
4 EL Cornflakes
6 EL Kürbiskerne
Salz, Pfeffer aus der Mühle

DIE AUBERGINENSCHNITZEL

Die Aubergine schälen und in 8 gleich dicke Scheiben schneiden. Mehl mit Currypulver mischen. Wasser mit Speisestärke verrühren. Paniermehl, Cornflakes und Kürbiskerne vermischen. Mehl,- Stärke-,und Paniermehlmischung jeweils in einen tiefen Teller geben. Auberginenscheiben salzen, pfeffern und nacheinander panieren. Das heißt, erst im Mehl, dann im Stärkewasser und zum Schluss im Paniermehl wenden.

1 großer Blumenkohl
2 EL Margarine
150 ml Gemüsebrühe
150 ml Saane
½ -1 TL Salz
Muskatnuss

DAS BLUMENKOHLPÜREE

Blumenkohl kleinschneiden. Margarine in einem Topf zerlassen und Blumenkohl darin farblos anschwitzen. Brühe dazugeben, Deckel aufsetzen und bei geringer Hitzezufuhr etwa 10 Minuten dünsten, bis der Blumenkohl weich ist. Saane in den Topf geben und einmal aufkochen lassen. Pürieren und mit Salz und Muskat abschmecken.

2 Schalotten
12 Radieschen
4 EL Olivenöl
1 EL Zucker
2 EL weißer Balsamicoessig
4 EL Apfelsaft
Salz, Pfeffer aus der Mühle
neutrales Pflanzenöl zum Braten

DIE RADIESCHENVINAIGRETTE

Schalotten in feine Würfel, Radieschen in Spalten schneiden. Beides im Olivenöl kurz andünsten. Zucker dazugeben und leicht karamellisieren. Mit Balsamico und Apfelsaft ablöschen, mit Salz und Pfeffer abschmecken.

Pflanzenöl in einer Pfanne erhitzen. Auberginenschnitzel darin von jeder Seite 2-3 Minuten knusprig goldbraun braten. Mit dem Püree und der Radieschenvinaigrette anrichten und sofort servieren.

Jeder liebt Schnitzel. Die Kombination aus saftiger Füllung und knuspriger Panade überzeugt auch mit anderen Gemüsesorten. Je nach Konsistenz müssen sie vor dem Panieren kurz blanchiert werden.

Auberginenschnitzel
mit Radieschen und Blumenkohlpüree

Gedämpfte Kürbis-Chinakohlröllchen

8 schöne. große Blätter Chinakohl
500 g Kürbis (Hokkaido oder
   Butternuss)
2 Tassen gekochter Reis
1 kleine Dose rote Bohnen
ca. 5cm langes Stück Ingwer
1/2 Bund Schnittlauch
2 EL gerösteter Sesam
Saft von einer halben Limette
4 EL Walnüsse
½ - 1 TL Sambal Oelek
2 EL helle Sojasauce
Salz
etwas Olivenöl
Küchengarn

DIE KÜRBIS-CHINAKOHLRÖLLCHEN

Chinakohlblätter auf der Arbeitsfläche ausbreiten, leicht salzen und etwa 20 Minuten ziehen lassen. Dadurch sind sie später leichter zu wickeln. Bohnen abtropfen lassen und mit dem Reis in eine Schüssel geben. Mit einer Gabel die Bohnen zerdrücken und mit dem Reis vermischen. Kürbisfleisch grob raspeln. Ingwer fein reiben, Schnittlauch in feine Ringe schneiden. Alles zur Reis-Bohnen-Mischung in die Schüssel geben. Sesam, Walnüsse, Limette, Sambal, Sojasauce und etwas Salz dazugeben und alles gut verrühren und lecker abschmecken. Die Füllung auf den Kohlblättern verteilen, die Seiten einschlagen und einrollen. Mit etwas Küchengarn fixieren und mit ein wenig Olivenöl beträufeln. Die Röllchen in einen Dampfeinsatz legen und über einem Topf mit Wasser bei geschlossenem Deckel ca. 15 Minuten dämpfen.

3 große Fleischtomaten
ein ca. 10cm langes Stück Gurke
1 Prise Majoran, getrocknet
1/2 Knoblauchzehe
4 EL Tahin
2 EL Olivenöl
Salz, Pfeffer

DIE TOMATEN-SESAM SAUCE

Die Tomaten kleinschneiden, dabei den Strunk entfernen. Gurke schälen und ebenfalls kleinschneiden. Beides mit den restlichen Zutaten fein pürieren und lecker abschmecken.

Gedämpfte Kürbis-Chinakohlröllchen

Gefüllte Aubergine
mit Graupen

250 g Graupen
1 l Gemüsebrühe
2 mittelgroße Auberginen
2 Knoblauchzehen
1 rote Zwiebel
1 Handvoll grüne Erbsen (TK)
2 Fleischtomaten
1 Bund Petersilie
2 Stangen Frühlingslauch
Salz und Pfeffer
Olivenöl

Graupen in einem Topf in der Gemüsebrühe 20-30 Minuten auf kleiner Flamme zugedeckt köcheln lassen, bis sie weich sind. Auberginen halbieren und bis auf einen Rand von etwa 1,5cm aushöhlen. Zwiebel und Knoblauch in feine Würfel schneiden und zusammen mit dem kleingeschnittenen Auberginenfleisch in etwas Olivenöl anbraten. Auberginenhälften innen leicht salzen und mit etwas Olivenöl einreiben. Tomaten in kleine Würfel schneiden, Petersilie kleinhacken und Frühlingslauch in feine Ringe schneiden. Zusammen mit dem gebratenen Auberginengemüse und den Erbsen zu den Graupen geben. Gut durchmischen und mit Salz und Pfeffer kräftig abschmecken. Graupenfüllung in die Auberginen geben.

8 EL Olivenöl
8 EL Mehl
250ml Kokosmilch
350ml Wasser
Salz
Muskatnuss

DIE BÈCHAMEL
Olivenöl in einem Topf erhitzen, Mehl dazugeben und unter ständigem Rühren farblos anrösten. Kokosmilch und Wasser dazugeben. Weiterrühren und die Sauce einmal aufkochen. Etwa 10 Minuten köcheln lassen, dabei immer wieder glattrühren. Mit 1 TL Salz und Muskatnuss abschmecken. Gleichmäßig auf den Auberginen verteilen, dabei die Graupen gut bedecken, damit sie beim Backen nicht austrocknen. Die Auberginen im vorgeheizten Backofen bei 180° 25 - 30 Minuten backen, bis die Auberginen weich und die Kruste schön braun ist.

1 weiße Zwiebel
2 Knoblauchzehen
2 EL Tomatenmark
2 TL Currypulver
1 rote Paprikaschote
1 kl. Dose geschälte Tomaten
4 EL Apfelmus
Olivenöl
Salz, Pfeffer

DIE TOMATEN-CURRYSAUCE
Zwiebel und Knoblauch abziehen, Paprika putzen und alles kleinschneiden. In etwas Olivenöl anschwitzen, restliche Zutaten dazugeben und 15 Minuten köcheln lassen. Pürieren und mit Salz und Pfeffer abschmecken. Eventuell noch etwas Wasser dazugeben.

Gefüllte Aubergine
mit Graupen

Graupenpuffer
mit Pilzrahm

100g Graupen
400ml kräftige Gemüsebrühe
100ml Wasser
2 geh. EL Buchweizenmehl
2 geh. EL Reismehl
1 TL Backpulver
1 mittelgroße Zwiebel
½ Bund Petersilie
2 kleine Äpfel
½ TL Paprikapulver
½ TL Currypulver
Salz, Pfeffer
Öl zum Braten

Graupen im geschlossenen Topf in der Gemüsebrühe auf kleiner Flamme eine halbe Stunde weichkochen. Wasser mit Backpulver, Buchweizen- und Reismehl vermischen. Graupen dazugeben. Zwiebel in feine Würfel schneiden. Äpfel schälen und grob raspeln. Petersilie fein hacken. Mit den restlichen Zutaten unter die Graupenmasse rühren. Mit Salz und Pfeffer kräftig abschmecken. Öl in einer beschichteten Pfanne erhitzen und die Puffer darin portionsweise ausbacken. Zwischendurch wenden. Auf Küchenpapier abtropfen lassen.

Mit geschmortem Gemüse, Pilzrahm oder einem feinen Kräuter-Joghurtdip servieren.

500g Champignons
1 Zwiebel
1 Knoblauchzehe
50ml Weißwein
250ml Saane
Olivenöl
Salz, Pfeffer

Zwiebeln und Knoblauch schälen und in feine Würfel schneiden. Champignons vierteln. Erst Zwiebeln und Knoblauch in etwas Olivenöl glasig anbraten, dann Champignons dazugeben. 3 Minuten braten, mit Weißwein ablöschen und mit Saane verfeinern. 5 Minuten einköcheln lassen und mit Salz und Pfeffer abschmecken.

Dazu passt geschmorter Römersalat. Salatherzen halbieren, leicht salzen, mit Zucker bestreuen und in heißem Olivenöl kurz anschwitzen bis sie zusammenfallen.

Graupenpuffer
mit Pilzrahm

Kartoffelplätzchen
mit Chiccoree und Birne

500 g Kartoffeln
6 EL Kürbiskerne
2-3 EL Speisestärke
Salz, Pfeffer
Muskatnuss

Olivenöl

DIE KARTOFFELPLÄTZCHEN

Kartoffeln schälen, je nach Größe halbieren oder vierteln und in ausreichend Salzwasser garkochen. Abgießen und etwa 10 min ausdampfen lassen. Kürbiskerne grob hacken. Kartoffeln durch die Kartoffelpresse drücken oder zerstampfen. Mit Kürbiskernen und Stärke verkneten und mit Salz, Pfeffer und Muskatnuss abschmecken. Mit den Händen aus der Masse acht Plätzchen formen.

Etwas Olivenöl in einer beschichteten Pfanne erhitzen und die Plätzchen darin bei mittlerer Hitze von jeder Seite 3-4 Minuten goldbraun braten. Warmstellen.

2 Stück Chiccoree
2 Birnen
2 EL Margarine
2 Zweige Petersilie
2 TL Zucker
2 Prisen Salz

Kürbiskernöl

DER CHICCOREE

Chiccoree längs halbieren, dann in Streifen schneiden, Petersilie von den Stängeln zupfen. Birnen halbieren, das Kerngehäuse entfernen und in Spalten schneiden. Margarine in der Pfanne zerlassen, Chiccoree darin etwa eine Minute leicht glasig dünsten. Salzen. Zucker und Birnenspalten dazugeben und weitere 1-2 Minuten leicht karamellisieren lassen.

Petersilie unterheben und sofort mit den Kartoffelplätzchen und etwas Kürbiskernöl servieren.

Kartoffelplätzchen
mit Chiccoree und Birne

Kohlrabischnitzel
mit Wasabi-Kartoffelsalat

8-12 mittelgroße Kartoffeln

2 rote Zwiebeln
4 EL Olivenöl
100 ml Apfelsaft naturtrüb
2 TL Zucker
2 EL weißer Balsamicoessig
2 TL Wasabipaste
1 TL Senf
1 TL Meerrettich
Salz und Pfeffer

2 Stück Frühlingslauch
1/2 Gurke
3-4 Radieschen

2-3 mittelgroße Kohlrabis
50 g Mehl
1 TL Currypulver
100ml Wasser
1 TL Salz
6 EL Kartoffelmehl
ca. 150 g Paniermehl
neutrales Pflanzenöl
1 Limette

DIE WASABI-KARTOFFELN

Kartoffeln in Salzwasser mit Schale weich kochen, anschließend abschütten und etwas auskühlen lassen, in der Zeit das Dressing zubereiten. Zwiebeln in feine Würfel schneiden und im Olivenöl andünsten, dabei nicht braun werden lassen. Zucker dazugeben und etwa eine Minute leicht karamellisieren lassen. Mit Essig ablöschen, Apfelsaft, Senf, Wasabi, Meerrettich, Salz und Pfeffer dazugeben. Etwa eine Minute leise köcheln lassen. Frühlingslauch in feine Ringe, Gurke in feine Würfel und Radieschen in Spalten schneiden. Die ausgekühlten Kartoffeln pellen, schneiden und unter die warme Marinade heben. Frühlingslauch, Gurke und Radieschen dazugeben. Mit Salz und Pfeffer abschmecken.

DIE KOHLRABISCHNITZEL

Kohlrabis schälen und in ca. 1 cm dicke Scheiben schneiden. Mehl mit Currypulver mischen und die Kohlrabischeiben damit leicht bestäuben. Wasser mit Salz und Kartoffelmehl verrühren, Kohlrabi hineintauchen, und dann im Paniermehl wenden. Öl ca. ½ cm hoch in einer Pfanne erhitzen, Schnitzel darin bei mittlerer Hitze von jeder Seite 2-3 Minuten goldbraun braten.

Auf Küchenpapier abtropfen lassen und mit dem lauwarmen Kartoffelsalat und Limettenspalten anrichten.

Kohlrabischnitzel
mit Wasabi-Kartoffelsalat

Kräuter-Kapernklößchen
mit Mohrrübenpüree

DIE KRÄUTER-KAPERNKLÖSSCHEN

250ml Wasser
1 TL Salz
150 g Grünkernschrot
400 g Tofu
4 EL Speisestärke
je ein kleines Bund Schnittlauch
und Petersilie
2 EL Röstzwiebeln
2 TL Koriander
1 TL gemahlene Senfkörner
1 EL Sojasauce
4 EL Kapern, gehackt
½ TL schwarzer Pfeffer
1 TL Knoblauchpulver
1 TL Majoran
Salz

250ml Wasser mit 1TL Salz aufkochen, Grünkern einstreuen, noch einmal aufkochen lassen. Vom Herd nehmen und zugedeckt 20 Minuten quellen lassen. Tofu mit einer Gabel zerkleinern und mit der Stärke zum Grünkern geben. Petersilie hacken, Schnittlauch in feine Ringe schneiden.

Kräuter, Gewürze, Sojasauce, Röstzwiebeln und Kapern zur Grünkernmasse geben und alles gut verkneten. Kräftig abschmecken und mit feuchten Händen kleine Bällchen formen.

Einen ausreichend großen Topf mit Wasser aufkochen, Wasser salzen und Klößchen hineingeben. Hitze zurückschalten und die Klößchen etwa 10 Minuten im siedenden Wasser ziehen lassen. Herausholen und warmhalten. Sud nicht wegschütten.

DAS MOHRRÜBENPÜREE

etwa 700 g Möhren
4 EL Olivenöl oder Margarine
1 EL Zucker
100ml Mineralwasser
180 ml Saane
Salz, Pfeffer
Muskat

Möhren schälen und in Scheiben schneiden. Fett in einem Topf erhitzen, Möhren darin 2-3 Minuten andünsten. Zucker dazugeben und leicht karamellisieren lassen. Mineralwasser dazugeben und auf kleiner Flamme zugedeckt köcheln lassen, bis die Möhren weich sind. Saane dazugeben, 1 Minute kochen, pürieren und mit Salz, Pfeffer und Muskatnuss abschmecken.

DAS WEISSWEINSÖSSCHEN

200 ml Klößchensud
150 ml Saane
50 ml Weißwein
2 Lorbeerblätter
Salz, Pfeffer
2 Schalen Kresse / Kraut

Alle Zutaten bis auf die Kresse aufkochen und 2 Minuten köcheln lassen, abschmecken, Lorbeerblätter entfernen. Kresse mit der Schere vom Beet schneiden und mit dem Pürierstab in die Sauce mixen. Klößchen hineingeben, kurz erwärmen. Sofort mit dem Mohrrübenpüree servieren.

Kräuter-Kapernklößchen
mit Mohrrübenpüree

Kürbis-Cannelloni

175ml Sojamilch
75ml Sprudelwasser
4 gehäufte EL Mehl
2 EL Speisestärke
2 EL Kichererbsenmehl
½ TL Salz

Öl zum Braten
¼ Hokkaido-Kürbis, geputzt (etwa 300-
   400g)
1 große Dose weiße Bohnen
2 Tomaten
1 EL Zucker
2 EL Olivenöl
Salz und Pfeffer
2 Stangen Frühlingslauch

2 geh. EL Margarine
5 EL Mehl
400ml ungesüßte Sojamilch
2 Lorbeerblätter
½ TL Salz
Muskatnuss
etwas Margarine für die Form

DIE CANNELLONI

Milch und Wasser in ein hohes Gefäß geben. Die restlichen Zutaten nach und nach dazugeben und mit dem Pürierstab zu einem dickflüssigen Teig mixen. Eine beschichtete Pfanne mit etwas Öl ausstreichen und aus der Masse nach und nach 4 dünne Pfannkuchen backen. Kürbis in etwa 1cm große Würfel schneiden. Im heißen Öl unter Rühren ein paar Minuten braten, bis er fast weich ist. Zucker dazugeben, salzen und noch etwa 2 Minuten braten.
Bohnen abtropfen und nicht zu fein pürieren. Tomaten in kleine Würfel, Frühlingslauch in Ringe schneiden. Alles mit Kürbis und Bohnenmus vermischen und lecker abschmecken.

DIE BÈCHAMELSAUCE

Margarine in einem Topf zerlassen, Mehl nach und nach dazugeben und mit dem Schneebesen gründlich einarbeiten. Sojamilch, Lorbeer, Muskatnuss und Salz dazugeben, kräftig weiterrühren, bis die Sauce eindickt. Die Sauce unter Rühren noch ein paar Minuten köcheln lassen. Lorbeerblätter entfernen. Mit Salz und Muskat abschmecken. Die Füllung auf den Pfannkuchen verteilen und wie einen Cannelloni einrollen. Die 4 Rollen in eine gefettete Auflaufform geben, die Sauce darauf verteilen und im Ofen bei 180°C 20-25 Minuten überbacken.

Kürbis-Cannelloni

Linsen Plätzchen
mit Koriander-Chili Kartoffeln und Kokosrahmspinat

1 Tasse rote Linsen

2 Tassen Wasser

3 EL Kartoffelmehl

1 EL Tomatenmark

1 Banane

2 EL Öl

1 Zwiebel

2 Knoblauchzehen

1/2 TL schwarze Zwiebelsamen

2 TL Garam Masala

2 TL Bockshornkleeblätter

1/2 TL Cumin

1 TL Salz

Öl zum Anbraten

16 kleine Kartoffeln (Drillinge oder La Ratte)

1 EL Koriandersamen (ganz)

4 EL Olivenöl

1 EL Sojasauce

1 TL Sambal Oelek

Salz

500 g Blattspinat

1 l Knoblauchol

200 ml Kokosmilch

Muskat

Salz

DIE LINSENPLÄTZCHEN

Zwiebel in kleine Würfel schneiden, Knoblauch fein hacken. Rote Linsen gründlich mit kaltem Wasser waschen und in einem Sieb abtropfen lassen. Die Zwiebel und den Knoblauch in 2 EL Öl anbraten, Gewürze dazugeben und 1 Minute pfannenrühren. Linsen und Tomatenmark dazugeben, mit Wasser ablöschen und mit etwas Salz 10 Minuten köcheln lassen. Die Hälfte der Linsenmasse in eine Schüssel geben und mit dem Pürierstab leicht pürieren. Die restlichen Linsen, das Kartoffelmehl und die gewürfelte Banane dazu geben und mit den Händen gut durchmischen. Mit angefeuchteten Händen 8 Plätzchen formen. In heißem Öl von jeder Seite 3-4 Minuten knusprig braten.

DIE KORIANDER-CHILI KARTOFFELN

Kartoffeln in stark gesalzenem Wasser mit Schale 10-15 min kochen, abgießen, kurz ausdampfen lassen und halbieren. Koriandersamen in einer Pfanne ohne Fett etwa 1 Minute rösten bis sie ihr Aroma freigeben, im Mörser fein mahlen, mit Sojasauce, Sambal Oelek und Olivenöl mischen und zu den halbierten Kartoffeln geben. Gut vermischen und auf einem Backblech verteilen, bei 180 Grad für 10 Minuten im Ofen backen.

DER KOKOSRAHMSPINAT

Den Blattspinat im Knoblauchöl kurz andünsten und zusammenfallen lassen. Kokosmilch zugeben und mit Salz und Muskat abschmecken.

Linsen Plätzchen
mit Koriander-Chili Kartoffeln und Kokosrahmspinat

Pfirsich-Polenta
und Vanille-Tomaten

24 Kirschtomaten

50 ml Olivenöl

4 EL Agavensirup

1 EL heller Balsamicoessig

1 Vanilleschote, ausgekratzt

wenig Salz

DIE VANILLE-TOMATEN

Kirschtomaten mit einem scharfen Messer kreuzweise einschneiden, für 20-30 Sekunden in kochendes Wasser werfen und in kaltem Wasser abschrecken.

Die Haut mit einem kleinen Messer abziehen. Restliche Zutaten gut verrühren, mit den Tomaten mischen und bei 120 Grad ca. 10 Minuten auf einem Backblech in den Ofen geben.

4 Weinbergpfirsiche

500ml Sojamilch

500ml Wasser

1 EL Olivenöl

1 TL Salz

1 Zweig Rosmarin

200 g Polenta

frisches Basilikum

DIE POLENTA

Pfirsiche waschen, entkernen und in Spalten schneiden. Sojamilch und Wasser mit Olivenöl, Salz und Rosmarin aufkochen, Rosmarin entfernen. Polenta einrühren und unter Rühren den dicken Brei ein paar Minuten köcheln lassen. Pfirsiche unterheben. Sofort mit den Vanilletomaten und Basilikum anrichten, die Polenta mit etwas Olivenöl beträufeln und sofort servieren.

Pfirsich-Polenta
und Vanille-Tomaten

Pilzrisotto

25 g getrocknete Steinpilze
700ml Wasser
1 TL Salz

Trockene Steinpilze sehr gründlich waschen, dann in 700ml Wasser mindestens eine Stunde einweichen. Durch ein Sieb gießen, das Pilzwasser in einem kleinen Topf auffangen, Salz dazugeben und zum Kochen bringen.

1 mittelgroße weiße Zwiebel
250 g Risottoreis
Olivenöl
3 Lorbeerblätter
100ml Weißwein oder Sekt

Zwiebel schälen und in feine Würfel schneiden. Zwiebelwürfel und Reis im heißen 3 EL Olivenöl ein paar Minuten unter Rühren glasig anrösten. Lorbeer dazugeben. Mit Wein ablöschen, kurz einkochen lassen, dann mit 2 Kellen der heißen Pilzbrühe aufgießen. Risotto auf kleinster Flamme offen köcheln lassen, dabei immer wieder rühren. Wenn die Flüssigkeit fast verkocht ist, etwas Brühe angießen und gut umrühren. So fortfahren bis die Brühe aufgebraucht ist. Der Reis sollte cremig sein, aber noch Biss haben.

1 kleines Bund Petersilie
1 Handvoll Walnüsse
½ Knoblauchzehe
Olivenöl
etwa 400 g gemischte, frische Pilze
 nach Geschmack
z.B. Kräuterseitlinge, Champignons,
 Austernpilze
1 EL kalte Margarine
Salz

Während der Reis kocht, abgetropfte Steinpilze in 2 EL Olivenöl kurz anbraten. Aus der Pfanne nehmen und mit Walnüssen, Petersilie, Knoblauch und etwas Salz nicht zu fein pürieren. Frische Pilze putzen, je nach Sorte kleinschneiden und in etwas Olivenöl anbraten, salzen. Gebratene Pilze unter den fertigen Risotto geben und mit der kalten Margarine vollenden. Diese bindet die restliche Flüssigkeit und macht den Risotto schön cremig. Noch einmal abschmecken und mit dem Steinpilzpesto und etwas gehackter Petersilie servieren.

Die bekanntesten Risottosorten sind „Arborio", „Carnaroli" und „Vialone Nano", wobei der Arborio-Reis am einfachsten erhältlich ist. Je nach Reissorte kann die Menge, die an Brühe dazugegeben werden muss, um ein perfektes Ergebnis zu erhalten leicht variieren. Also Reis zwischendurch immer wieder probieren und eventuell lieber etwas Brühe übrig lassen oder noch einen Schluck Wasser dazugeben. Ein perfekter Risotto ist cremig, „schlotzig" (ich glaube, dieser Begriff wurde eigens für die Beschreibung von Risotto erfunden!) und hat einen angenehmen Biss. Ein wenig Übung macht den (Risotto-)Meister.

Pilzrisotto

Rohköstliche Gemüselasagne

DIE NUSS-"BÈCHAMEL"

200 g Cashewkerne min. 1h in warmem
   Wasser eingeweicht
2 EL Zitronensaft
½ TL Salz
4 EL Olivenöl
Salz, Muskatnuss
1 EL Hefeflocken

Alle Zutaten im Mixer sehr cremig rühren. Dabei nach und nach etwas Wasser dazugeben, bis die gewünschte Konsistenz erreicht ist.

DIE WALNUSSBOLOGNESE

4 Tomaten
8 getrocknete Tomaten
1 Zweig frischer Oregano
1 kleine Knoblauchzehe
3 EL Olivenöl
80 g Walnüsse
Salz, Pfeffer

Den grünen Strunk der Tomaten entfernen, Tomaten etwas kleinschneiden und mit den anderen Zutaten bis auf die Walnüsse nicht zu fein pürieren. Walnüsse grob hacken und dazugeben. Mit Salz und Pfeffer kräftig abschmecken.

DIE GELBE PAPRIKASAUCE

2 gelbe Paprikaschoten
2 EL Olivenöl
¼ TL Johannisbrotkernmehl
1 EL Zitronensaft
1 EL Agavensirup
¼ TL Salz

Paprikaschoten putzen und kleinschneiden. Mit den restlichen Zutaten sehr fein pürieren.

DAS FINISH

2 große Zucchinis
2-3 Tomaten
150 g Babyspinat
6 weiße Champignons
4 Zweige Basilikum

Zucchinis mit der Schneidemaschine, einem großen Messer oder einfach mit dem Sparschäler längs in sehr dünne Scheiben schneiden. Eventuell halbieren. Tomaten und Champignons ebenfalls in feine Scheiben schneiden. Die Lasagne nach Belieben mit den drei Saucen, den Tomatenscheiben, den Champignons und dem Babyspinat schichtweise auf 4 Tellern zusammensetzen. Jeweils 3-4 aneinander gelegte Zucchinischeiben bilden dabei die „Nudelplatten".

Mit Basilikumzweigen garnieren und sofort servieren.

Rohköstliche Gemüselasagne

Salbeischupfnudeln
mit Peperonata und Erbsenschaum

3 rote Paprikaschoten
2 EL Olivenöl
1 EL Ahornsirup
1 TL weißer Balsamicoessig

5 mittelgroße Kartoffeln
150 g Mehl + Mehl zum Ausrollen
3 EL Speisestärke
60 g Hartweizengrieß
1 EL Öl
Salz, Muskatnuss

100ml Saane
150ml Sojamilch
eine Handvoll grüne Erbsen (TK)
Salz/Pfeffer aus der Mühle
Muskatnuss

2 EL Margarine
8-10 Salbeiblätter
eventuell 1 Handvoll Rucola und
    geröstete Pinienkerne

DIE PEPERONATA
Paprikaschoten halbieren, den Stielansatz und das Kerngehäuse herausschneiden. Mit der Hautseite nach oben auf ein Backblech legen. Bei 180 Grad etwa 15-20 Minuten in den Backofen geben, bis die Haut leichte Blasen wirft und dunkel wird. In einer verschlossenen Plastikdose ausdampfen lassen, damit sich die Haut leichter lösen lässt. Die abgezogenen Paprikafilets mit dem Olivenöl, Sirup und Essig marinieren.

DIE SCHUPFNUDELN
Kartoffeln schälen und je nach Größe halbieren oder vierteln (nicht zu klein schneiden, damit beim Kochen so wenig wie möglich der natürlichen Stärke „ausgewaschen" wird) und in ausreichend Salzwasser weichkochen. Abgießen und ca. 10 Minuten ausdampfen lassen. Durch die Kartoffelpresse in eine große Schüssel pressen. Ausreichend Wasser in einem großen Topf zum Kochen bringen. Salzen. Kartoffeln mit den restlichen Zutaten rasch zu einem geschmeidigen Teig verarbeiten, mit geriebenem Muskat abschmecken. Sollte der Teig noch zu klebrig sein, noch etwas Stärke oder Mehl oder Grieß einarbeiten. Masse auf bemehlter Arbeitsfläche zu langen, ca. 2cm dicken Rollen formen, diese mit einem großen Messer in etwa 5cm lange Stücke schneiden. Aus den Stücken mit der leicht gewölbten Handfläche Schupfnudeln formen und ins siedende, nicht mehr kochende Wasser geben. Wenn die Schupfnudeln oben schwimmen, diese mit einer Lochkelle herausholen und in einer Schüssel mit kaltem Wasser abschrecken, dadurch werden sie richtig fest. Abtropfen lassen.

DER ERBSENSCHAUM
Milch und Saane aufkochen, Erbsen dazugeben und 5 Minuten köcheln lassen. Gründlich pürieren und durch ein feines Sieb gießen. Eventuell etwas Wasser dazugeben. Mit Salz, Pfeffer und Muskat abschmecken.

DAS FINISH
Salbei in sehr feine Streifen schneiden. Margarine in einer beschichteten Pfanne zerlassen. Salbei hineingeben. Schupfnudeln dazugeben und leicht hellbraun anbraten. Dabei vorsichtig die Pfanne schwenken. Peperonata dazugeben und kurz erwärmen. Erbsensauce mit dem Pürierstab aufschäumen und mit den Schupfnudeln anrichten. Eventuell etwas Rucola und Pinienkerne darüber geben.

Salbeischupfnudeln
mit Peperonata und Erbsenschaum

Schmetterlingsnudeln
in Asia-Carbonara

500 g Farfalle

2 rote Zwiebeln

2 Knoblauchzehen

1 rote Spitzpaprika

200 g Räuchertofu

4 EL Öl

4 TL gemahlener Koriander

1/2 TL Sambal Oelek

200 ml Brühe (oder Nudelkochwasser)

250 ml Kokosmilch

Saft und Schale einer Limette

4 EL Edamamebohnen o. Erbsen (TK)

1 Handvoll Zuckerschoten

10 Blatt Thaibasilikum oder Minze

2 Zweige Koriandergrün

Salz

Pasta in reichlich gut gesalzenem Wasser bissfest garen. Währenddessen: Zwiebeln und Knoblauch abziehen, Zwiebeln in Streifen, Knoblauch in feine Scheibchen schneiden. Paprika in Ringe, Tofu in kleine Würfel, Zuckerschoten und Kräuter in feine Streifen schnippeln.

Öl in einer großen Pfanne erhitzen, Tofu, Zwiebeln und Knoblauch leicht hellbraun anbraten. Paprika, Koriander und Sambal dazugeben. 1 Minute pfannenrühren bis der Koriander schön duftet. Kokosmilch, Brühe und Limette dazugeben. Salzen, Bohnen/Erbsen und Schoten dazugeben. Die Sauce bei mittlerer Hitze etwa 2 Minuten einköcheln lassen. Die Pasta abgießen und direkt mit der Soße mischen.

Mit den Kräutern bestreuen und in tiefen Tellern servieren.

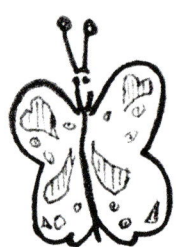

Schmetterlingsnudeln
in Asia-Carbonara

Schnelles Kichererbsen-Kürbiscurry

250 g Hokkaido-Kürbis, geputzt
1 mittelgroße Zwiebel
4 EL Öl
2 TL Garam Masala
1 TL Koriander
½ TL Kreuzkümmel
½ TL Schwarze Zwiebelsamen
1 Msp. Chilipulver oder ½ TL Sambal
   Oelek
2 Tomaten
1 gr. Dose Kichererbsen
50 ml Wasser
2 EL gemahlene Mandeln
½ TL Salz

Kürbis in Würfel schneiden. Zwiebel schälen und in feine Streifen schneiden. Tomaten fein hacken. Kürbis im heißen Öl einige Minuten anbraten, Zwiebel dazugeben und weitere 5 Minuten anschwitzen. Nach etwa 2 Minuten Gewürze dazugeben und unter Rühren weiterbraten. Tomaten, abgetropfte Kichererbsen und Wasser dazugeben. Salzen. 5 Minuten köcheln lassen, gemahlene Mandeln dazugeben und lecker abschmecken. Mit Reis oder Fladenbrot servieren.

Schnelles Kichererbsen-Kürbiscurry

Spaghetti
mit Sesam und Tempeh

500 g Spaghetti
400 g Tempeh
2 rote Paprikaschoten
3 Knoblauchzehen
Öl
½-1 Chilischote ohne Kerne
½ Bund Koriander
50 g Sesam
½ TL Sesamöl
2 EL Margarine
Salz

Spaghetti in gut gesalzenem Wasser bissfest kochen. Abgießen, dabei etwas Wasser auffangen und beiseite stellen. Pasta kurz ausdampfen lassen und mit etwas Öl vermischen. Paprikaschoten vierteln, putzen und in Streifen schneiden. Tempeh würfeln und salzen. Knoblauch in feine Scheiben schneiden.

Chili in feine Ringe schneiden, Koriander fein hacken. Sesam in einer Pfanne ohne Fett hellbraun rösten. Etwa 4 EL Öl in einer großen Pfanne erhitzen und Tempehwürfel darin unter Wenden knusprig braun braten. Aus der Pfanne nehmen und warmstellen. Knoblauch in die Pfanne geben und leicht anrösten. Paprikastreifen dazugeben und 2 Minuten braten. Etwa eine halbe Tasse Nudelwasser angießen, heiße Pasta dazugeben und kurz durchschwenken. Chili, Koriander und Sesam dazugeben.

Sesamöl und Margarine in die Pfanne geben und gut mit den Nudeln vermischen. Gebratenen Tempeh darübergeben, mit geröstetem Sesam bestreuen und sofort servieren.

Spaghetti
mit Sesam und Tempeh

Spargelrisotto
mit Tempura und Bärlauchpesto

500 g weißer Spargel
1 Zitrone
800ml Wasser
1 ½ TL Salz
1 EL Zucker
12 Stangen grüner Spargel

1 mittelgroße weiße Zwiebel
250 g Risottoreis
3 EL Olivenöl
3 Lorbeerblätter
100ml Weißwein oder Sekt
1 EL kalte Margarine

DER SPARGELRISOTTO

Weißen Spargel schälen, dabei die holzigen Enden abschneiden (Schalen und Abschnitte aufheben!) und schräg in etwa 3cm lange Stücke schneiden. Zitrone waschen und in Scheiben schneiden. Wasser mit Zitronescheiben und Zucker in einem großen Topf zum Kochen bringen. Salzen und Spargelstücke darin 2 Minuten blanchieren. Mit einer Schaumkelle herausholen und in eiskaltem Wasser abschrecken. Vom grünen Spargel das unteres Drittel schälen, holzige Enden ebenfalls abschneiden. Beiseite legen. Grüne und weiße Spargelabschnitte und -schalen in den Sud geben und einige Minuten auskochen lassen. Zwiebel schälen und in feine Würfel schneiden. Zwiebelwürfel und Reis im heißen Olivenöl ein paar Minuten unter Rühren glasig anrösten. Lorbeer dazugeben. Mit Wein ablöschen, kurz einkochen lassen, dann durch ein Sieb 2 Kellen vom heißen Spargelsud angießen. Risotto auf kleinster Flamme offen köcheln lassen, dabei immer wieder rühren. Wenn die Flüssigkeit fast verkocht ist, etwas Brühe angießen und gut umrühren. So fortfahren bis die Brühe aufgebraucht ist. Der Reis sollte cremig sein, aber noch Biss haben. Spargelstücke und Margarine unterrühren.

Während der Reis kocht, Tempurateig und Pesto zubereiten.

180 ml Sprudelwasser
4 geh. EL Mehl
2 geh. EL Speisestärke
1 gestr. TL Backpulver
½ TL Salz
Öl zum Ausbacken
etwas Mehl zum Bestäuben

DER TEMPURATEIG

Alle Zutaten für den Tempurateig mit dem Pürierstab oder einem Schneebesen klümpchenfrei zu einem flüssigen Teig verrühren. Öl in einem ausreichend großen Topf etwa 2cm hoch einfüllen und erhitzen. Grünen Spargel leicht mehlieren, durch den Tempurateig ziehen, abtropfen lassen und im heißen Fett knusprig ausbacken. Auf Küchenpapier abtropfen lassen.

1 Bund Bärlauch
2 EL Pinienkerne
50ml Öl
etwas Salz

DAS BÄRLAUCHPESTO

Bärlauch mit Öl und Pinienkernen fein pürieren. Mit Salz abschmecken.

Den Risotto mit gebackenen Spargelstangen und etwas Pesto anrichten und sofort servieren.

Spargelrisotto
mit Tempura und Bärlauchpesto

Spargelrisotto
mit Tempura und Bärlauchpesto

Szegediner Auberginen-Kürbisgulasch
mit Spätzle

1/2 kleiner Hokkaido-Kürbis
1 Aubergine
2 Knoblauchzehen
4 rote Zwiebeln
2 gelbe Paprikas
250 g braune Champignons
300 g Sauerkraut
4 EL Öl
2 TL Paprikapulver
2 EL Tomatenmark
1 EL Zucker
1 TL Sambal Oelek
1/4 TL Kümmel, gemörsert
4 Lorbeerblätter
1 Zimtstange
200ml Rotwein
50 ml Orangensaft
350 ml Gemüsebrühe
(50 ml Saane)
1 gestr. TL Salz
Pfeffer

DAS GULASCH

Kürbis mit Schale und Aubergine in 2-3 cm große Würfel schneiden. Paprikas putzen und in Streifen schneiden. Zwiebeln und Knoblauch schälen, Zwiebeln in feine Streifen schneiden, Knoblauch fein hacken. Champignons je nach Größe vierteln oder halbieren. Sauerkraut in einem Sieb kurz mit kaltem Wasser abspülen. In einem großen Topf Zwiebeln und Knoblauch im heißen Öl andünsten, restliches Gemüse und Pilze dazugeben. 4 Minuten braten, dabei öfters umrühren. Sauerkraut dazugeben.

Tomatenmark, Zucker, Sambal, Paprikapulver, Kümmel, Zimt und Lorbeer unterrühren, mit Rotwein und Orangensaft ablöschen. Brühe und Salz dazugeben und alles ca. 20 Minuten köcheln lassen, dabei gelegentlich umrühren, mit Pfeffer und Salz abschmecken, Zimtstange entfernen, evtl. mit Saane verfeinern.

250ml Mineralwasser mit Kohlensäure
6 gehäufte EL Hartweizengrieß
6 EL Dinkelmehl
2 EL Margarine
1/2 Bd. Schnittlauch
Salz

DIE SPÄTZLE

Einen großen Topf mit leicht gesalzenem Wasser zum Kochen bringen. Währenddessen Mineralwasser in eine Schüssel geben, Grieß, Mehl und 1 TL Salz mischen, dazugeben und mit dem Handrührgerät oder einem Holzlöffel einige Minuten zu einem zähflüssigen leicht klebrigen Teig schlagen. Den Teig portionsweise durch die Kartoffel- oder Spätzlepresse ins kochende Wasser drücken, sobald sie oben schwimmen, die Spätzle mit einer Schaumkelle herausholen. Alternativ den Teig portionsweise auf ein kleines Brett streichen und mit dem Rücken eines großen Messers oder einer Palette nach und nach ins kochende Wasser schaben. Dabei Brett und Messer ab und zu ins heiße Wasser tauchen. So fortfahren, bis die Masse aufgebraucht ist. Margarine in einer beschichteten Pfanne zerlassen und Spätzle darin leicht hellbraun werden lassen. Mit gehacktem Schnittlauch bestreuen und mit dem Gulasch servieren.

Szegediner Auberginen-Kürbisgulasch
mit Spätzle

Süßkartoffel-Saté

2 mittelgroße Süßkartoffeln
2 rote Zwiebeln
4 EL Olivenöl
1 geh. EL Zucker
Salz
6 EL süße Chilisauce
80ml Orangensaft
2 EL Sesam
1 Pr. Zimt

DIE SÜSSKARTOFFEL SPIESSE

Süßkartoffeln schälen und in gleichmäßige Würfel von etwa 2,5cm schneiden. Mit Öl, Zucker und etwas Salz auf einem tiefen Backblech verteilen und im Ofen bei 180 Grad ca 10-15min vorgaren. Sie sollen noch etwas Biss haben. Etwas abkühlen lassen. Zwiebeln in Spalten schneiden. Abwechselnd mit den Süßkartoffeln auf Holzspießchen stecken. Chilisauce, Sesam, Zimt und Orangensaft in einer großen Pfanne erhitzen. Die Spieße hineingeben und vorsichtig glasieren. Nochmals für etwa 5-8 Minuten in den Ofen, bis die Spieße schön glänzen und die Zwiebeln weich sind.

4 gehäufte EL Erdnussbutter
2 EL Tamarindenpaste
2 EL süße Sojasauce
4 EL Orangensaft
1 TL Sambal Oelek
etwas Wasser
Salz

DIE ERDNUSSSAUCE

Orangensaft kurz erhitzen und mit den restlichen Zutaten zu einer sämigen Sauce rühren.

2 Tassen thailändischer Duftreis
2 Tassen Wasser
1 Bund Koriander
2 EL Olivenöl
½ TL Salz

DER KORIANDERREIS

Reis in einem feinen Sieb mit klarem Wasser waschen, bis das Wasser fast klar abläuft. Reis und Wasser in einem Topf bei geschlossenem Deckel auf kleiner Flamme aufkochen und zugedeckt weitere 15 Minuten quellen lassen. In der Zwischenzeit Koriander mit Öl und Salz im Mörser oder Schnellzerkleinerer zu einer schönen, grünen Paste verarbeiten.

Den fertigen Reis mit der Kräuterpaste vermischen und mit Spießen und Erdnusssauce anrichten.

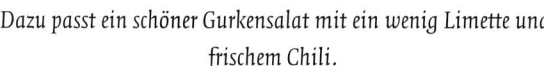

Dazu passt ein schöner Gurkensalat mit ein wenig Limette und frischem Chili.

Süßkartoffel-Saté

Tandoori Tofu
mit schwarzen Tamarinde-Bohnen

200 g Sojajoghurt
2 EL Tandoori-Masalapulver
2 EL Öl
½ TL Salz
800 g fester Tofu
Salz

2 Schalotten
½ TL Cumin
½ TL Sambal
3 EL Öl
400 g gekochte schwarze Bohnen
4 EL Tamarindenpaste
Salz

1 Mango
1 Apfel
5 getrocknete Apfelringe
¼ Chilischote
80 g Zucker
50ml Mangosaft
3 cm Ingwer
50ml Weißweinessig
¼ TL Salz

DER TANDOORI TOFU

Tofu in 8 Scheiben schneiden, leicht salzen.
Joghurt, Tandooori-Pulver, Salz und Öl gut verrühren.
Die Hälfte der Marinade in eine flache Schale geben.
Tofuscheiben dicht darauflegen und mit restlicher
Marinade bestreichen. Abdecken und am besten über
Nacht im Kühlschrank ziehen lassen.

DIE TAMARINDE-BOHNEN

Schalotten fein würfeln und mit Sambal und Cumin
im Öl kurz anschwitzen. Gekochte Bohnen (siehe
Tipp S. 128) und Tamarinde dazugeben und mit Salz
abschmecken.

DAS APFEL-MANGOCHUTNEY

Apfel und Mango schälen und in kleine Würfel
schneiden. Apfelringe ebenfalls klein schneiden. Chilischote ohne Kerne in sehr feine Streifen schneiden.
Ingwer fein reiben. Alles mit den restlichen Zutaten
in einen Topf geben und bei geringer Hitze 20-25Mi-
nuten einkochen lassen.

Tofu auf geölter Alufolie 10 Minuten bei 180°C im
Ofen oder auf dem Grill garen, dann umdrehen
und weitere 10 Minuten backen. Tandoori-Tofu mit
schwarzen Bohnen und Chutney anrichten und sofort
servieren.

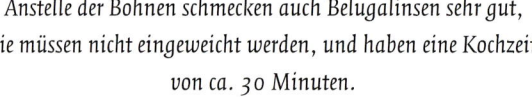

*Anstelle der Bohnen schmecken auch Belugalinsen sehr gut,
sie müssen nicht eingeweicht werden, und haben eine Kochzeit
von ca. 30 Minuten.*

Tandoori Tofu
mit schwarzen Tamarinde-Bohnen

Koriander-Walnuss-Frikadellen
mit Rotkohlsalat

5 EL Zitronensaft
100 g Rosinen
3 EL Olivenöl
¼ Rotkohl
Salz, Pfeffer

DER ROTKOHLSALAT

Rosinen etwa ½ Stunde im Zitronensaft einweichen. Rotkohl in sehr feine Streifen schneiden und leicht salzen. 10 Minuten ziehen lassen. Eingeweichte Rosinen mit Olivenöl sehr fein pürieren und mit den Rotkohlstreifen gut durchkneten. Mit Salz und Pfeffer abschmecken.

1 Handvoll Walnüsse
450 g Tofu
2 TL 5-Gewürz-Pulver
2 rote Zwiebeln
6 EL Reismehl
2 EL Sojasauce
3 Zweige frischer Koriander
1 TL Salz
Öl zum Braten

DIE KORIANDER-WALNUSS-FRIKADELLEN

Backofen auf 160°C vorheizen.
Tofu in einer Schüssel mit einer Gabel zerdrücken, Walnüsse grob hacken. Zwiebeln in feine Würfel schneiden. Koriander hacken. Alles mit den restlichen Zutaten verkneten und aus der Masse mit angefeuchteten Händen 4 Frikadellen formen. Öl in einer Pfanne erhitzen. Frikadellen darin von jeder Seite 3-4 Minuten braten. Im Ofen ca. 10 Minuten fertig garen.

4 EL süße Sojasauce
1 TL Sambal Oelek
10 EL O-Saft
2 EL Sojasauce
2 EL Agavensirup
2 EL Ketchup
2 TL Speisestärke

DIE ORANGEN SOJA-SAUCE

Zutaten für die Sauce in einen kleinen Topf geben und unter ständigem Rühren (Schneebesen!) einmal kurz aufkochen.

Koriander-Walnuss-Frikadellen
mit Rotkohlsalat

Weißes Chili non Carne

450 g fester Tofu
4 EL Öl
2 Zwiebeln
2 Knoblauchzehen
2 weiße Spitzpaprikas
1 TL Galgant
1/2 TL Cumin
6cm Ingwer
3 Stangen Zitronengras
1 EL Zucker
1/2 Tasse Weißwein
2 Tassen Gemüsebrühe
1 kleine Dose Kokosmilch
1/2 Dose Mais
1 Dose weiße Bohnen abgetropft
2 EL Zitronensaft
1/2-1 grüne Chilischote
frisches Koriandergrün
Salz

Tofu abtrocknen und leicht zerbröseln. Zwiebeln und Knoblauch abziehen. Beides fein würfeln. Ingwer schälen und fein reiben. Das untere Drittel vom Zitronengras ebenfalls fein reiben.

Öl in einer beschichteten Pfanne erhitzen und Tofu darin sanft hellbraun braten. Paprika-, Zwiebel- und Knoblauchwürfel dazugeben und leicht glasig dünsten. Salzen.

Geriebenes Zitronengras, Ingwer, Galgant, Cumin und Zucker in die Pfanne geben und umrühren. Mit Weißwein ablöschen. Brühe und Kokosmilch angießen. Mais und Bohnen hinzufügen und alles ca. 10-15 Minuten leise köcheln lassen.

Mit Zitronensaft, Salz und fein gehackter Chili abschmecken, mit gehacktem Koriander bestreuen. Mit schwarzem Reis oder Knoblauchbrot servieren.

Weißes Chili non Carne

Zucchini-Aprikosen-Köfte
Weißer Bohnen-Hummus, Tomaten-Bulgur

2 mittelgroße Zucchinis
2 kleine Möhren
2 kleine Zwiebeln
15 getrocknete Aprikosen
1 TL Salz
3 Scheiben Weißbrot (Toast)
2 TL Koriander
½ TL Cumin
¼ TL Zimt
1 TL Sambal Oelek
4 EL Sesam
4 EL Maisstärke
Öl zum Braten

DIE ZUCCHINI-APRIKOSEN-KÖFTE

Möhren schälen. Zucchinis und Möhren grob raspeln. Zwiebeln und Aprikosen in feine Würfel schneiden. Weißbrot fein reiben (Schnellzerkleinerer/Mixer) oder zerbröseln. Mit den restlichen Zutaten zu einer formbaren Masse verarbeiten. (Eventuell noch ein paar Brotkrümel oder Paniermehl dazugeben). Mit angefeuchteten Händen zu kleinen Röllchen formen.

Öl etwa 1 cm hoch in einer Pfanne erhitzen. Die Köfteröllchen darin ca. 4-5 Minuten knusprig braten. Zwischendurch wenden.

1 kl. Dose weiße Bohnen, abgetropft
½ Tasse Olivenöl
½ TL Salz
2 EL Tahin
1 EL Zitronensaft
1 kleine Knoblauchzehe

DER BOHNEN-HUMMUS

Alle Zutaten fein pürieren, mixen oder mit der Gabel zerdrücken. Lecker abschmecken.

12 Kirschtomaten
1 Zwiebel
3 EL Olivenöl
1 TL Zucker
1 Tasse (200ml) Wasser oder Brühe
½ Tasse Orangensaft
2 EL Weißwein- oder heller
   Balsamicoessig
1 ½ Tassen feiner Bulgur
Je 2 Zweige Minze, Petersilie und
   Basilikum
1 Handvoll Oliven
5 getrocknete Tomaten (in Öl,
   abgetropft)
6 EL Pinienkerne
2 EL Olivenöl
Salz, Pfeffer

DER BULGUR

Kirschtomaten vierteln, Zwiebel fein würfeln. In einem Topf beides in Olivenöl mit Zucker kurz anschwitzen. Wasser, ½ TL Salz, Orangensaft und Essig dazugeben. Kurz aufkochen. Vom Herd nehmen. Bulgur hineinrühren, Deckel aufsetzen und ca. 10 Minuten quellen lassen.

Getrocknete Tomaten in feine Streifen, Oliven in Scheiben schneiden. Kräuter fein hacken. Pinienkerne in einer kleinen Pfanne ohne Fett goldbraun rösten (Achtung, sie brennen sehr schnell an), alles mit Olivenöl unter den Bulgur heben und gut vermischen. Mit Salz und Pfeffer abschmecken.

Zucchini-Aprikosen-Köfte
Weißer Bohnen-Hummus, Tomaten-Bulgur

Zucchini-Involtini
und Tomatensugo

2 große Zucchinis
200 g Räuchertofu
1 rote Zwiebel
12 Salbeiblätter
2 EL Olivenöl

2 kleine Dosen weiße Bohnen
3 EL Olivenöl
8 EL Wasser
etwas Salz
Pfeffer aus der Mühle
1 Scheibe Weißbrot, fein gerieben
oder etwas Pankomehl
etwas Fett für Auflaufform

DIE ZUCCHINI RÖLLCHEN

Tofu und Zwiebel in kleine Würfel schneiden, Salbei in feine Streifen. Alles in Olivenöl etwa 2 Minuten braten. Bohnen abgießen und mit Olivenöl und Wasser pürieren oder mit der Gabel zerdrücken. Tofu-Zwiebelmischung unterheben. Füllung lecker abschmecken.Zucchini längs in etwa 3mm breite Streifen schneiden. Das geht am besten mit der Brotschneidemaschine oder einem sehr scharfen, großen Messer. Die Zucchinischeiben auf der Arbeitsfläche ausbreiten und mit etwas Salz bestreuen. Das zieht Wasser und macht die Scheiben flexibler. Mit einem Küchentuch trocken tupfen und mit der Bohnenmasse bestreichen. Zu kleinen Röllchen aufrollen, mit Zahnstochern fixieren und mit Brotkrumen bestreuen. In einer gefetteten Auflaufform bei 180°C etwa 10 Minuten backen.

3 große Fleischtomaten
1 große, rote Zwiebel
3 Knoblauchzehen
3 EL Olivenöl
1 TL Zucker
1 EL Kapern
2 EL Oliven
1 TL Tomatenmark
½ TL Salz
Pfeffer

DAS TOMATENSUGO

Fleischtomaten fein hacken, den Strunk dabei entfernen. Zwiebel und Knoblauch schälen. Zwiebel in Würfelchen, Knoblauch in feine Scheiben schneiden. Knoblauch und Zwiebel im heißen Öl leicht hellbraun anbraten. Zucker, Kapern, Oliven und Tomatenmark dazugeben, kurz durchschwenken und Tomaten und Salz ebenfalls hineingeben. Das Sößchen 5-8 Minuten köcheln lassen und lecker abschmecken.

Zucchini-Involtini
und Tomatensugo

SNACKS & KLEINE SATTMACHER

EIN DIP FÜR ALLE FÄLLE

DREI DIPS FÜR ALLE GELEGENHEITEN. OB ZU NACHOS, GEMÜSESTICKS, PELLKARTOFFELN ODER EINFACH AUFS FRÜHSTÜCKSBROT, EIN LECKERER DIP IST IMMER WILLKOMMEN UND SCHNELL GEMACHT.

Tomaten-Bohnendip

1 kleine Dose weiße Bohnen
8 Kirschtomaten
1 EL Tomatenmark
2 Zweige Thymian, gezupft
1 Msp. Kreuzkümmel, gemahlen
2 EL Zitronensaft
3 EL Olivenöl
Salz

Bohnen in einem Sieb abgießen und kurz abspülen. Kirschtomaten achteln. Bohnen mit den restlichen Zutaten, außer Tomaten, in einer Schüssel mit einer Gabel oder dem Pürierstab fein zerkleinern. Tomatenstücke dazugeben und alles lecker abschmecken.

Roter Linsenstreich

100 g rote Linsen
200ml Wasser
1 TL Salz

4 EL Rapsöl
Saft einer halben Limette
1 EL Tomatenmark
½ TL Koriander, gemahlen
½ Knoblauchzehe
½ Bund Petersilie oder Koriander
2 EL Sesam, geröstet

Linsen in einem feinen Sieb unter fließend kaltem Wasser abbrausen, in einem kleinen Topf mit Salzwasser etwa 10-15 Minuten weichkochen. Abgießen.
Restliche Zutaten dazugeben und fein pürieren.

Möhrchendip

2 mittelgroße Mohrrüben
ca. 30 g Ingwer
2 EL Pinienkerne
4 EL Rapsöl
2 EL Zitronensaft
1 EL Sojasauce
Salz, Muskatnuss

Mohrrüben schälen und in Scheiben schneiden. Ingwer fein reiben. Möhren in einem kleinen Topf mit wenig Wasser weich dünsten. Mit den restlichen Zutaten pürieren und lecker abschmecken.

Ein Dip für alle Fälle
Möhrchendip, Tomaten-Bohnendip, Roter Linsenstreich

Apfel-Fenchel Tarte Tatin

2 Fenchelknollen

1 säuerlicher Apfel

1 EL Margarine

2 Zweige Thymian, gezupft

1 Prise Salz

2 EL Zucker

2-4 Scheiben Blätterteig (je nach Größe)

Fenchel putzen und in feine Streifen schneiden. Apfel schälen und in Scheiben schneiden. Margarine in einer Pfanne zerlassen, Fenchel, Äpfel und Thymian hineingeben, salzen und mit dem Zucker leicht karamellisieren. Blätterteig ausrollen und etwas größer als der Pfannendurchmesser zurechtschneiden. Äpfel und Fenchel gleichmäßig auf dem Pfannenboden verteilen und mit dem Teig komplett abdecken. Die Ränder mit den Fingerspitzen schön andrücken. Die Pfanne in den Backofen stellen und bei 200 Grad ca. 15 Minuten backen.

Leicht auskühlen lassen und auf einen großen Teller stürzen.

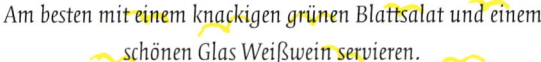

Am besten mit einem knackigen grünen Blattsalat und einem schönen Glas Weißwein servieren.

SCHRITT 1

APFEL-FENCHEL TARTE TATIN

Apfel-Fenchel Tarte Tatin

SCHRITT 2

SCHRITT 3

Auberginen-Nuggets
mit Polentafries und Paprikaketchup

1 rote Zwiebel

1 Knoblauchzehe

2 rote Paprikaschoten

1 EL Olivenöl

4 EL Tomatenmark

2 EL Zucker

1-2 TL Currypulver

½ TL Paprikapulver

50ml Bier

50ml Apfelmus

1 EL dunkler Balsamicoessig

etwa 1/2 TL Salz

500 ml Wasser

2 EL Olivenöl

1/2 TL Salz

Muskatnuss

125 g Polenta

1 große Aubergine

Salz

DIE PANADE: MISCHUNG I

    1/2 TL Knoblauchpulver

    1 TL Paprikapulver

    ca. 50 g Mehl

    MISCHUNG II

    6 EL Speisestärke

    100 ml Wasser

    1/2 TL Salz

    MISCHUNG III

    150 g Pankomehl

    (ersatzweise Paniermehl

    oder Cornflakes)

    50 g Mandelblättchen

neutrales Pflanzenöl

1 Zitrone

DAS PAPRIKAKETCHUP

Zwiebel und Knoblauch schälen, Zwiebel in Streifen schneiden, Knoblauch leicht zerdrücken. Paprikas putzen und kleinschneiden. Zwiebel in Olivenöl anbraten, Paprikas und Knoblauch dazugeben und 2 Minuten unter Rühren braten. Tomatenmark, Zucker, Paprikapulver und Curry dazugeben. Mit Bier ablöschen. Apfelmus, Essig und Salz dazugeben.10 Minuten leise köcheln lassen und fein pürieren.

DIE „FRITTEN"

Wasser mit Salz, Öl und Muskatnuss zum Kochen bringen. Polenta einrieseln lassen und mit einem Holzlöffel sehr gut verrühren. Ein paar Minuten unter Rühren köcheln lassen bis der dicke Brei sich leicht vom Topfboden löst. Die heiße Polenta in einem kastenförmigen Behälter (Frischhaltedose, Kuchenform o.ä.) abkühlen lassen. Stürzen. Zuerst in dicke Scheiben, dann in Sticks (Pommes) schneiden.

DIE AUBERGINEN NUGGETS

Die Aubergine schälen. Erst in ca. 2cm runde Scheiben schneiden, dann diese je nach Größe halbieren oder vierteln, bis sie die klassische „Nuggetgröße" erreicht haben. Salzen und etwa 20 Minuten auf Küchenkrepp legen. Trocken tupfen. Die Zutaten für die Panade jeweils in einem tiefen Teller gründlich vermischen.

Die Auberginen nacheinander in den Schüsseln I, II, III, panieren.

AUSSERDEM

Auberginennuggets und Polentasticks jeweils in einer Pfanne knusprig goldbraun braten und sofort mit dem warmen Ketchup und Zitronenscheiben servieren.

Auberginen-Nuggets
mit Polentafries und Paprikaketchup

Black Bean Burger

1 Tasse gekochter Reis
2 Tassen gekochte schwarze Bohnen
1 Zwiebel
2 Knoblauchzehen
1/4 TL Cumin
1/2 TL Koriander
1-2 TL Sambal Oelek
1 EL Sojasauce
3 EL Speisestärke
Salz, Pfeffer
Öl

DER BURGER

Zwiebel in feine Würfel schneiden, Knoblauch fein hacken. Bohnen mit einer Gabel zerdrücken, oder kurz durch die Küchenmaschine jagen, dabei nicht ganz fein pürieren, sondern noch stückig lassen. Zusammen mit dem Reis in eine große Schüssel geben. Zwiebel und Knoblauch in 2 EL Öl anbraten, Gewürze und Sambal dazugeben, 1 Minute mitbraten. Zwiebelmischung zu Reis und Bohnen in die Schüssel geben und alles mit Stärke und Sojasauce gut verkneten, das geht am besten mit den Händen. Mit Salz und Pfeffer kräftig abschmecken. 4 Burger formen, gut zusammendrücken und in heißem Öl von jeder Seite bei mittlerer Hitze 3-4 Minuten braten.

8 EL vegane Mayonnaise
½ Bund Schnittlauch
12 Radieschen
3 Gewürzgürkchen
1 EL Agavensirup
Salz, Pfeffer

DIE RADIESCHENREMOULADE

Schnittlauch in feine Röllchen schneiden, Radieschen und Gürkchen in feine Würfel. Mit Majo und Agavensirup glattrühren und mit Salz und Pfeffer abschmecken.

4 Burgerbrötchen nach Wahl
2 reife Avocados
2 Tomaten
4 Salatblätter
1 rote Zwiebel

DAS FINISH

Brötchen aufschneiden und leicht toasten.
Avocados in Spalten, Zwiebel in feine Ringe und Tomaten in Scheiben schneiden. Brötchen mit Remoulade bestreichen und mit Burger, Tomatenscheiben, Zwiebel, Avocado und Salatblättern belegen.
Sofort servieren.

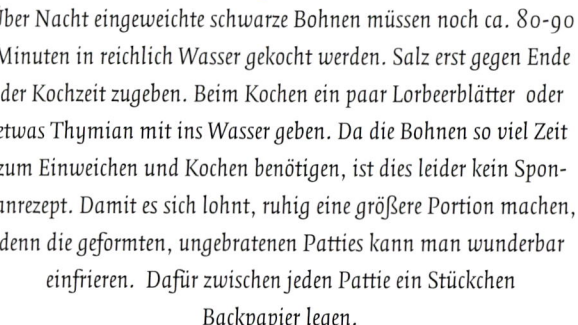

Über Nacht eingeweichte schwarze Bohnen müssen noch ca. 80-90 Minuten in reichlich Wasser gekocht werden. Salz erst gegen Ende der Kochzeit zugeben. Beim Kochen ein paar Lorbeerblätter oder etwas Thymian mit ins Wasser geben. Da die Bohnen so viel Zeit zum Einweichen und Kochen benötigen, ist dies leider kein Spontanrezept. Damit es sich lohnt, ruhig eine größere Portion machen, denn die geformten, ungebratenen Patties kann man wunderbar einfrieren. Dafür zwischen jeden Pattie ein Stückchen Backpapier legen.

Also, falls man abends mal etwas Reis übrig hat, schnell ein paar Bohnen einweichen!

Black Bean Burger

Clubsandwich

50ml Sojamilch
2 EL Zitronensaft
½ TL Johannisbrotkernmehl
1 TL Salz, Pfeffer
180ml neutrales Pflanzenöl
½ rote Paprika
1 EL Kapern
8 Blatt Basilikum
6 grüne Oliven

½ Dose weiße Bohnen
3 Tropfen Rauchöl (wenn vorhanden)
1 Spritzer Zitronensaft
3 EL Öl
Salz/Pfeffer

12 Scheiben Sandwich Toast
1 kleine Aubergine
etwas Mehl
400 g Tempeh
Öl zum Frittieren
Salz, Pfeffer
2 Tomaten
1 kleiner Kopf Römersalat
¼ Gurke

DIE MAYONNAISE/PAPRIKA-REMOULADE

Sojamilch mit Zitronensaft, Salz und Johannisbrotkernmehl in ein hohes Gefäß geben. Mit dem Pürierstab glattrühren. Öl langsam in einem kleinen
Strahl hinzugießen, dabei ständig mixen bis alles Öl
verbraucht ist und die Sauce emulgiert und eingedickt
ist. Mit Salz und Pfeffer abschmecken. 4 EL Majo davon abnehmen und beiseite stellen. Den Rest mit sehr
klein gewürfeltem Paprika, fein gehackten Oliven,
Kapern und Basilikum verrühren.

DIE BOHNENPASTE

Weiße Bohnen abgießen und mit den restlichen Zutaten fein pürieren und mit Pfeffer und Salz kräftig
würzen.

DAS FINISH

Tempeh in etwa 0,5cm dicke Scheiben schneiden.
Aubergine schälen und ebenfalls in Scheiben schneiden. Öl etwa 1 cm hoch in einer tiefen Pfanne erhitzen. Tempeh gut salzen und etwa 3 Minuten frittieren bis er knusprig braun ist. Herausnehmen und auf
Küchenpapier abtropfen lassen. Auberginen salzen,
pfeffern, kurz in Mehl wenden und ebenfalls ins heiße Öl geben. 2-3 Minuten braten, zwischendurch einmal wenden. Herausnehmen und abtropfen lassen.
Toast im Ofen oder unterm Grill toasten. Gurke und
Tomaten in Scheiben schneiden. Römersalat in feine
Streifen schneiden und mit der Paprika-Remoulade
vermischen.

Jeweils 4 Scheiben Toast mit Salatmischung, Bohnen-
paste und Mayonnaise bestreichen. Tempeh, Aubergine, Gurke und Tomaten gleichmäßig und nach
Gutdünken auf den Brotscheiben verteilen. Dabei die
4 mit Mayonnaise bestrichenen Scheiben als Deckel
beiseite legen und nicht belegen. Jeweils 3 Scheiben
zum Sandwich zusammensetzen und mit 4 Zahnstochern fixieren. Jedes Sandwich diagonal in 4 Stücke
schneiden und mit Kartoffelchips bestreut servieren.

Clubsandwich

Clubsandwich

Gratiniertes Pilzbaguette

500 g braune Champignons
2 EL Öl
300 ml Saane
50 ml Wasser oder Sojamilch
1 EL Speisestärke
2-3 Stängel Frühlingslauch
4 Baguettebrötchen zum Aufbacken
4 EL Oliven- oder Knoblauchöl
Salz, Pfeffer

Champignons putzen und je nach Größe vierteln oder achteln. In einer großen Pfanne im Öl scharf anbraten, salzen. Saane dazugeben. Wasser in einer kleinen Schüssel sehr gut mit der Stärke verrühren und mit einem Schneebesen in die kochende Pilzsaane rühren. Weiterrühren bis die Sauce schön eindickt. Vom Herd nehmen.

Frühlingslauch in feine Ringe schneiden und unter die Sauce heben. Mit Salz und Pfeffer abschmecken.

Brötchen halbieren und die Schnittflächen mit Olivenöl bestreichen. Mit dieser Seite nach unten die Brötchenhälften in einer heißen Pfanne ca. 1-2 Minuten toasten. Die Baguettes auf einem Backblech verteilen und großzügig mit der Sauce bedecken.

Im Backofen bei 170°C ca. 10 Minuten überbacken. Sofort servieren.

Für Abwandlungen zu diesem Rezept sind der Phantasie mal wieder keine Grenzen gesetzt. Z.B. statt Champignons, Zwiebeln und Knoblauch anbraten und halbierte Kirschtomaten und marinierten Tofu unter die fertige Sauce heben. Nach dem Backen mit frischem Basilikum belegen.

Gratiniertes Pilzbaguette

I ♥ Tuna Sandwich
ergibt 2 große Sandwiches.

6 kleine Möhren

6 EL weiße Bohnen (Dose) abgetropft

2 EL Olivenöl

1 kleine Zwiebel

1 TL Senf

2 TL Tahin

1 EL Sojasauce

2 Spritzer Zitronensaft

½ Noriblatt

1 kleiner Dillzweig

Salz, Pfeffer

8 Gurkenscheiben

1 paar Salatblätter

4 ganz frische Scheiben Sandwichtoast

Möhren schälen und fein reiben. Leicht salzen und etwa 20 Minuten stehen lassen. In einem Sieb gut ausdrücken, um sehr trockene Möhrenraspel zu erhalten.

Weiße Bohnen und Olivenöl mit einer Gabel zerdrücken bis eine cremige Paste entsteht. Zwiebel in feine Würfel schneiden, Dill hacken. Noriblatt ein paar Mal falten und mit einer Schere in sehr kleine Stückchen schneiden. Alles zur Bohnencreme geben. Restliche Zutaten und Möhrenraspel dazugeben, gut verrühren und kräftig abschmecken.

Jeweils die Hälfte der Masse zwischen 2 Toastscheiben geben und nach Belieben mit Gurke und Salat belegen.

I ♥ Tuna Sandwich

KARTOFFELN DREI MAL ANDERS

Curry- Kartoffelchips

400 g Kartoffeln
ausreichend Salzwasser
Öl zum Frittieren
Salz
Currypulver

Etwa 400g Kartoffeln mit Schale in 3mm dicke Scheiben schneiden. In ausreichend Salzwasser 4 Minuten kochen. Abgießen. In heißem Öl knusprig frittieren und mit Salz und etwas Currypulver bestreuen. Toller Snack oder feine Suppeneinlage.

Dill- Kartoffeln

24 kleine Kartöffelchen (Drillinge oder la Ratte Kartoffeln)
ausreichend Salzwasser
2 EL Margarine
1 kleines Bund Dill

24 kleine Kartöffelchen abbürsten und mit Schale 15-20 Minuten in stark gesalzenem Wasser garkochen. Leicht abkühlen lassen und pellen. 2 EL Margarine in einer Pfanne zerlassen und die Kartöffelchen leicht hellbraun anbraten. 1 kleines Bund Dill fein hacken und dazugeben. Lecker mit heller Sauce und gedämpftem Gemüse.

Mandel-Kartoffelbällchen

500 g Kartoffeln
ausreichend Salzwasser
4 EL Mandelmus
2 EL Speisestärke
6EL Mandelblättchen
Fett zum Ausbacken

500g Kartoffeln schälen und halbieren oder vierteln. In ausreichend Salzwasser weichkochen. 20 Minuten ausdampfen lassen und durch die Kartoffelpresse drücken. Mit 4 EL Mandelmus und 2 EL Speisestärke, sowie 6 EL Mandelblättchen verkneten. Kleine Kugeln formen und in heißem Fett knusprig goldbraun ausbacken.

Kartoffeln drei Mal anders

Curry- Kartoffelchips, Mandel-Kartoffelbällchen, Dill- Kartoffeln

Kartoffeln drei Mal anders

Curry- Kartoffelchips, Mandel-Kartoffelbällchen, Dill- Kartoffeln

Kokosnuss-Klebreis
im Bananenblatt

2 Tassen Klebreis

5 Bananenblätter ca. 30x30cm

1 Tasse Kokosmilch

½ TL Salz

10 Shiitakepilze

1 rote Paprikaschote

15cm Lauch

1 Möhre

2 EL Öl

Salz

DER KOKOSNUSS-KLEBREIS

Klebreis in 4 Tassen Wasser mindestens 2 Stunden einweichen. Einen Dampfkorb mit einem der Bananenblätter auslegen. Eingeweichten Reis in einem Sieb abgießen und in den Korb geben. In einen passenden Topf mit etwas Wasser stellen und zugedeckt 30 Minuten dämpfen. Reis in eine Schüssel umfüllen und mit Salz und Kokosmilch vermischen.

Stiele von den Shiitakepilzen entfernen, Köpfe in dünne Scheiben schneiden. Paprika putzen und in kleine Würfel schneiden. Möhre schälen. Lauch und Möhre in feine Streifen schneiden. Gemüse und Pilze im heißen Öl etwa 2 Minuten braten, salzen.

Die 4 übrigen Bananenblätter auf die Arbeitsfläche legen und den Klebreis mittig darauf verteilen. Jeweils etwas von dem Gemüse darauf geben. Die Bananenblätter um den Reis schlagen, die Seiten umklappen und mit je einem Zahnstocher fixieren. Die Reispäckchen nochmals für 20 Minuten dämpfen.

DIE PFLAUMENWEIN-SAUCE

4 EL dicke süße Sojasauce

2 EL Mirin oder Pflaumenwein

2 EL Ketchup

2 EL Wasser

2 EL geröstete Erdnüsse

Erdnüsse grob hacken und mit den restlichen Zutaten gut verrühren. Sauce in kleinen Schälchen zu den Reispäckchen servieren.

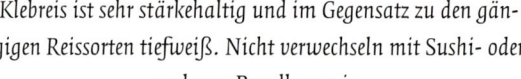

Klebreis ist sehr stärkehaltig und im Gegensatz zu den gängigen Reissorten tiefweiß. Nicht verwechseln mit Sushi- oder anderem Rundkornreis.

Kokosnuss-Klebreis
im Bananenblatt

Nordseeburger

½ Tasse Sonnenblumenkerne
Wasser
½ Tasse Sonnenblumenöl
2-3 EL Zitronensaft
4 kleine Gewürzgürkchen
1 kleine Rote Bete Knolle (gekocht)
1 EL Kapern
½ Bund Petersilie
½ TL Salz

2 Tassen gekochter Reis
1 Möhre
2 Schalotten, gehackt
2 Stangen Frühlingslauch
160 g Tofu
½ Noriblatt
2 Zweige Dill
4 EL Reismehl
2 TL Senf
2 EL Sojasauce
Saft einer halben Zitrone
etwas Mehl oder Reismehl
Salz, Pfeffer

Öl zum Braten

4 Burgerbrötchen nach Wahl
etwas Salat oder junger Spinat
2 Gewürzgurkenscheiben
1 rote Zwiebel in Ringe geschnitten

DIE ROTE BETE REMOULADE

Sonnenblumenkerne in einer Tasse Wasser etwa 2 Stunden einweichen. Eine halbe Tasse Wasser abgießen. Kerne mit restlichem Einweichwasser, Öl, Zitronensaft und Salz im Mixer sehr cremig rühren. Gewürzgürkchen und Rote Bete in sehr feine Würfel schneiden, Kapern und Petersilie hacken. Alles unter die Sonnenblumencreme heben und lecker abschmecken.

DER BURGER

Möhre fein raspeln, Tofu zerdrücken. Noriblatt sehr klein schneiden, am besten ein paar Mal zusammenfalten und dann mit der Schere bearbeiten. Frühlingslauch in feine Ringe und Schalotten in Würfel schneiden, Dill fein hacken. Alles gründlich mit den restlichen Zutaten verkneten, das geht am besten mit den Händen. Kräftig mit Salz und Pfeffer abschmecken.

Aus der Masse vier Burger formen, leicht mit Mehl bestäuben und von beiden Seiten einige Minuten goldbraun braten.

Brötchen halbieren, evt. leicht toasten. Die Hälften mit Remoulade bestreichen und mit Burgern, Salat, Gurken und Zwiebeln belegen. Sofort genießen.

Nordseeburger

Algen - Räuchertofu Pancake
mit Apfelchutney und Zucchinisalat

250 ml Sojamilch
½ Tasse Reismehl
½ Tasse Mehl
1 ½ EL Speisestärke
1 EL Backpulver
1 TL Salz
1 rote Zwiebel
1 rote Paprika
5-10 g Wakame Algen
2 Stangen Frühlingslauch
200 g Räuchertofu
2 EL weißer Sesam
1 EL Sojasauce
etwas Chilipulver
Öl zum Braten

DIE PANCAKES

Sojamilch in eine Schüssel geben, Mehlsorten, Salz, Speisestärke und Backpulver mischen und mit dem Schneebesen oder dem Pürierstab gründlich einrühren.

Algen in kaltem Wasser einweichen und 10 Minuten quellen lassen. Zwiebel, Paprika und Tofu in Würfel, Frühlingslauch in feine Ringe schneiden. Eingeweichte Algen abgießen, Wasser wegschütten. Die Algen fein schneiden. Alles mit Sesam, Chili und Sojasauce unter den Pancaketeig rühren.

Öl in einer beschichteten Pfanne erhitzen und die Pancakes portionsweise bei mittlerer Hitze von jeder Seite 2-3 Minuten braten.

3 Äpfel
4 cm Ingwer
6 getrocknete Aprikosen
60 g Rohrzucker
60 ml Apfelsaft
60 ml Weißweinessig
¼ TL Salz

DAS APFELCHUTNEY

Äpfel und Ingwer schälen. Aprikosen und Äpfel in kleine Würfel schneiden, Ingwer fein reiben.

Mit den restlichen Zutaten in einen Topf geben und bei geringer Hitze 20-25 Minuten einkochen lassen bis es schön dunkel ist und eine marmeladenartige Konsistenz hat.

2 mittelgroße Zucchini
2 Zweige Dill
Saft einer halben Zitrone
4 EL Olivenöl
12 Kirschtomaten
Salz und Pfeffer

DER ZUCCHINISALAT

Zucchini mit dem Sparschäler längs in feine Streifen schneiden. Kirschtomaten halbieren. Dill klein zupfen. Zitronensaft und Öl dazugeben, gut durchmischen und mit Salz und Pfeffer abschmecken.

Auf den Pancakes anrichten und mit dem Chutney servieren.

Algen - Räuchertofu Pancake
mit Apfelchutney und Zucchinisalat

Polenta-Bohnen-Bruschetta

500 ml Wasser
1 TL Salz
2 EL Olivenöl
120 g Polenta

Wasser mit Salz und Öl aufkochen. Polenta unter Rühren einrieseln lassen. Mit einem Holzlöffel auf kleiner Flamme weiterrühren, bis sich die Polenta vom Topfboden löst. Auf geölter Alufolie verteilen und mit Hilfe der Folie zu einer Rolle von etwa 6cm Durchmesser formen. Die Enden wie bei einem Bonbon festdrehen. Abkühlen lassen.

1 kl. Dose weiße Bohnen
4 EL Edamame Bohnen
1 rote Paprikaschote
2 EL Olivenöl
2 TL weißer Balsamicoessig
8 Blatt Basilikum
2 EL Pinienkerne
Salz, Pfeffer

Weiße Bohnen abgießen. Paprika putzen und in kleine Würfelchen schneiden. Pinienkerne in einer heißen Pfanne ohne Fett kurz hellbraun rösten und danach grob hacken. Edamame Bohnen in köchelndem Salzwasser 2 Minuten blanchieren. Basilikum in feine Streifen schneiden. Alles in einer Schüssel mit Essig und Öl und Edamame mischen und mit Salz und Pfeffer kräftig abschmecken.

Olivenöl zum Braten
etwas Rucola oder Basilikum
 zum Garnieren

Grillpfanne mit etwas Olivenöl einpinseln. Abgekühlte Polentarolle vorsichtig auswickeln und in Scheiben von etwa 2cm Dicke schneiden. Von jeder Seite etwa 2 Minuten grillen. Auf Tellern anrichten, den Bohnensalat darauf verteilen und mit Rucola oder Basilikum garnieren.

Polenta-Bohnen-Bruschetta

Sauerkraut-Hotdog-Quiche

1 großes, rundes, türkisches
   Fladenbrot, gerne vom Vortag
2 mittelgroße weiße Zwiebeln
300 g Sauerkraut
600 g Seidentofu
3 El Öl
1 EL Zucker
2 EL Margarine
5 EL Speisestärke
2-3 Tofu- oder Seitanwürstchen
4 EL Sojajoghurt
1 EL Senf
1 EL Ketchup
Salz, Pfeffer

Die Zwiebeln schälen, halbieren und in feine Streifen schneiden. Sauerkraut in einem Sieb kurz abspülen und abtropfen lassen. Seidentofu mit 3 EL Öl und Speisestärke im Mixer oder mit dem Pürierstab cremig rühren. Mit Salz und Pfeffer abschmecken.

Vom Fladenbrot mit einem großen (Brot-)messer „den Deckel" abschneiden und beiseite legen (er wird hier nicht mehr gebraucht). Das Unterteil mit einem scharfen Messer etwa 1cm vom Rand entlang leicht einschneiden. Das Brot so aushöhlen, dass der Rand stehen bleibt. Das geht am besten ganz einfach mit den Fingern. Je 2 EL Sojajoghurt in eine kleine Schüssel geben. Einmal mit Senf und einmal mit Ketchup verrühren, eventuell salzen.
Würstchen schräg in Scheiben schneiden.

Zwiebeln im Fett ca. 2 Minuten anbraten, dann Sauerkraut, Zucker und Salz dazugeben. Ein paar Minuten dünsten. Pfanne vom Herd nehmen und das Kraut gut mit der Tofumischung vermengen. In das ausgehöhlte Fladenbrot füllen und glattstreichen.

Würstchenscheiben auf der Quiche verteilen. Ketchup- und Senfcrème wild darüber klecksen. (A la Jackson Pollock!) Bei 170°C ca. 20-25 Minuten backen.

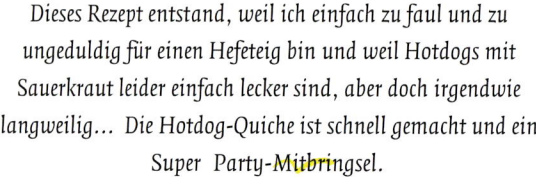

Dieses Rezept entstand, weil ich einfach zu faul und zu ungeduldig für einen Hefeteig bin und weil Hotdogs mit Sauerkraut leider einfach lecker sind, aber doch irgendwie langweilig… Die Hotdog-Quiche ist schnell gemacht und ein Super Party-Mitbringsel.

Sauerkraut-Hotdog-Quiche

Sushitörtchen

2 kleine Tassen Sushireis
3 kleine Tassen Wasser
6 EL Reisessig
3 EL weißer Zucker
1 TL Salz
3 EL Sesam
8 cm Ingwer
1 EL Zucker
2 EL Essig
4 EL Wasser
2 Avocados, geschält, entkernt
etwas Limettensaft
150 g Räuchertofu
2 EL Pflaumenmus
1 rote Paprikaschote
1 Gurke
etwas Kresse
3 Noriblätter
etwas Wasabipaste
Sojasauce
Salz

Besonders die große Torte ist auch ein schönes Mitbringsel. Man braucht jedoch ein sehr scharfes Messer, das man kurz in Wasser tauchen sollte, um sie nicht gleich beim ersten Anschneiden zu zerstören.

Beim Fertigstellen der Torte sind der Phantasie keine Grenzen gesetzt. Probiert auch anderes Gemüse, frittierten Tofu, geröstete Erdnüsse, Rucola, gebratene Pilze, oder oder...

Fertiger Sushi-Ingwer aus dem Asia-Laden enthält oft Glutamat, warum auch immer. Im Bio-Laden gibt`s ihn ohne, aber für viel Geld. Also lieber selbst machen. Das schmeckt, und man weiß, was drin ist!

Reis in einem feinen Sieb gründlich mit viel kaltem Wasser waschen. ½ Stunde im Sieb abtropfen lassen. In einen Topf mit dem Wasser geben und zugedeckt bei kleiner Flamme aufkochen lassen. 10 Minuten leise köcheln lassen. Dabei nicht umrühren oder den Deckel anheben. Vom Herd nehmen und zugedeckt weitere 10 Minuten quellen lassen. Inzwischen Essig, Zucker und Salz kurz erhitzen und rühren, bis sich der Zucker aufgelöst hat. Sesam in einer kleinen Pfanne hellbraun rösten.

Den fertig gekochten Reis in eine große Schüssel umfüllen. Mit einem Spatel die Essigmischung und den Sesam einarbeiten und den Reis unter vorsichtigem Wenden abkühlen (etwas kühle Luft zufächeln hilft dabei). Ingwer schälen und in feine Streifen schneiden. In einem Topf mit 2 EL Essig, 1 EL Zucker und 4 EL Wasser so lange köcheln lassen, bis alles verkocht und der Ingwer weich ist. Räuchertofu und Gurke in dünne Scheiben, Paprika in feine Streifen schneiden. Avocado mit einer Gabel zerdrücken, Salz und Limettensaft dazugeben. Eine Springform ohne Boden auf einen großen Teller stellen oder 4 größere Servierringe auf je einen kleineren. Form innen leicht anfeuchten oder mit Klarsichtfolie auslegen, damit der Reis beim Abnehmen der Ringe nicht kleben bleibt und die kleinen Kunstwerke Schaden nehmen.

Noriblätter mit der Schere auf die Größe der Form(en) zurechtschneiden und jeweils ein Blatt auf den Boden der Form legen. Eine Lage Reis darauf geben und mit den Fingern leicht andrücken, (ein Schälchen mit Essigwasser bereitstellen und die Finger ab und zu hineintunken). Etwas Pflaumenmus darauf verstreichen und mit Tofuscheiben belegen.

Ein Noriblatt und noch eine Lage Reis darauf geben, mit Avocadocrème bestreichen und mit Gurkenscheiben belegen. Wieder Nori und Reis. Nächste Schicht mit ganz wenig Wasabi und Paprikastreifen. Letzte Schicht sollte Reis sein. Jetzt den Ring abnehmen und die Törtchen nach Belieben mit restlichem Gemüse, Kresse und Noriblättern verzieren.

Mit Wasabi, Sojasauce und eingekochtem Ingwer servieren.

Sushitörtchen

Tomatentofu-Bagel
mit Kohlrabi-Coleslaw

5 EL Öl
2 Knoblauchzehen
1 EL Tomatenmark
2 EL Tomatensaft oder passierte
  Tomaten
1/2 TL Paprikapulver
1/8 TL geräuchertes Paprikapulver
1 Prise Majoran
Salz
500 g fester Tofu

1 mittelgroße Kohlrabi
6 EL Soja-Joghurt
3 EL Öl
1 Spritzer Zitronensaft
Salz, Pfeffer

4 Sesambagels
4 Salatblätter

DER TOMATENTOFU

Knoblauch fein hacken oder durch die Knoblauch-
presse drücken. Gründlich mit Salz, Tomatensaft und
-mark, Öl und Gewürzen verrühren. Tofu in Scheiben
schneiden, leicht salzen und rundum mit der Marinade bestreichen. 15 Minuten ziehen lassen
Ein Backblech mit Alufolie auslegen und mit Öl
bepinseln. Tofu darauf legen und bei 180°C 10 Minuten backen. Die Tofuscheiben wenden und weitere 10
Minuten garen.

DER COLESLAW

Kohlrabi schälen und grob raspeln. Gründlich mit
Joghurt, Öl, Zitronensaft, Salz und Pfeffer verrühren
und kräftig abschmecken.

DAS FINISH

Bagel aufschneiden und 5 Minuten im Ofen oder kurz
im Toaster aufknuspern. Mit Coleslaw, Salat und Tofu
belegen und sofort genießen.

Super auch für die nächste Grillparty. Den Tofu einfach in
geölte Alufolie wickeln und ca. 10-15 Minuten auf den heißen
Grill legen. Zwischendurch wenden. Coleslaw dazureichen.

Tomatentofu-Bagel
mit Kohlrabi-Coleslaw

Zwiebelkuchen

DER KLASSIKER SCHMECKT WARM UND KALT. FÜR DIE MINI-
VERSION TEIG UND FÜLLUNG IN GEFETTETE MUFFINFÖRMCHEN
GEBEN UND ETWA 15 MINUTEN BACKEN.

DER MÜRBTEIG

300 g Mehl
150 g weiche Margarine plus etwas
   zum Einfetten
50-80 ml Wasser
½ TL Backpulver
1 TL Salz

Aus den Zutaten rasch einen Mürbeteig kneten. Die
Ränder einer Springform einfetten und leicht mit
Mehl bestäuben. Boden der Form mit Backpapier
auslegen. (Einfach eine Seite Papier zwischen Rahmen und Boden klemmen). Den Teig in die Form drücken, dabei etwa 3 cm Rand hochziehen.

DIE FÜLLUNG

300 g Seidentofu
200 g Saane
5 EL Speisestärke oder Reismehl
½ TL Salz
etwas frisch geriebene Muskatnuss

Alle Zutaten für die Füllung sehr fein pürieren.

DAS FINISH

5 Zwiebeln (rote und weiße gemischt)
½ Stange Lauch
2 EL Margarine
½ Tl Majoran
½ Tl Kümmel, zerstoßen
Salz, Pfeffer

Lauchstange längs halbieren und waschen. Zwiebeln
schälen. Beides in feine Streifen schneiden. Margarine in der Pfanne zerlassen. Lauch und Zwiebeln darin
etwa 5 Minuten anschwitzen. Majoran und Kümmel
dazugeben, mit Salz und Pfeffer würzen. Zwiebelmischung gut mit der Tofu-Saane-Füllung verrühren,
kräftig abschmecken und auf dem Mürbeteigboden
verteilen. Bei 160°C 30-40 Minuten backen.

*Deftiger wird`s mit etwas geräuchertem Tofu in der Füllung.
Einfach in kleinen Würfeln gemeinsam mit den Zwiebeln
anbraten.
Lecker auch als Gemüsekuchen mit Karotten, Pilzen, Wirsing,
Spargel, oder was sonst gerade in der Gemüsekiste ist.*

Zwiebelkuchen

Cowboy Bohnen

2 rote Zwiebeln

2 Knoblauchzehen

4 EL Olivenöl

1 EL brauner Zucker

4 EL Tomatenmark

300ml Wasser

8 getrocknete Tomaten in Öl, abgetropft

1 große Dose weiße Bohnen

10 Kirschtomaten

Salz, Pfeffer

Zwiebeln in Streifen, Knoblauch in feine Scheibchen schneiden. Getrocknete Tomaten ebenfalls in feine Streifen schneiden. Kirschtomaten halbieren. Zwiebelstreifen und Knoblauch im Olivenöl etwa 2 Minuten scharf anbraten. Zucker dazugeben und leicht karamellisieren lassen. Tomatenmark einrühren und kurz anschwitzen. Wasser angießen, getrocknete Tomatenstreifen und abgetropfte Bohnen dazugeben. Alles 20 Minuten leise köcheln lassen, Kirschtomaten dazugeben und mit Salz und Pfeffer kräftig abschmecken.

Je nach Lust und (Cowboy-) Laune mit frischem Majoran, Chili, Räuchertofu oder kleinen Paprikaschoten verfeinern.

Cowboy Bohnen

DESSERTS

3 X EIS

UM ZU HAUSE LECKERES EIS SELBST ZU MACHEN IST NICHT UN-
BEDINGT EINE EISMASCHINE NÖTIG. DIESE UND VIELE ANDERE
LECKERE EISKREATIONEN KÖNNEN GANZ EINFACH MIT HILFE VON
MIXER ODER PÜRIERSTAB UND NATÜRLICH DEM TIEFKÜHLSCHRANK
GEZAUBERT WERDEN.

Zitronen"Butter"-Sorbet

200 ml Zitronensaft
200 ml Weißwein
200 g Zucker
50 g kalte Margarine (eine Sorte mit
    Butteraroma verwenden, z.B. Alsan-S)

Zitronensaft mit Zucker und Weißwein in einen Topf geben und auf ca. 80°C erhitzen. Das heißt, einfach kurz bevor es kocht, vom Feuer nehmen. Die Margarine in Würfel schneiden und nach und nach im Mixer oder mit dem Pürierstab unter die heiße Flüssigkeit mixen. Einige Minuten weitermixen und einfrieren. Nach etwa 2 Stunden nochmals durchmixen, dann einige Stunden komplett durchfrieren lassen.

Himbeer-Joghurt-Eis

450 g Himbeeren tiefgekühlt
500 g Soja-Vanille-Joghurt, eingefroren
5 EL Puderzucker
5 EL Ahornsirup
2 EL Zitronensaft
4 cl Cassislikör

Himbeeren und Joghurt ca. 10 Minuten antauen lassen. Joghurt aus dem Becher stürzen und mit einem großen Messer etwas kleinschneiden. Alles mit den restlichen Zutaten im Mixer cremig rühren. Noch mal für eine halbe Stunde in den Tiefkühler stellen. Wer mag, kann das Eis auch in Förmchen geben, durchfrieren lassen und dann stürzen.

Erdbeer-Bananensofteis

300 g Erdbeeren
2 Bananen
4 EL Ahornsirup
4 EL Zitronensaft

Bananen schälen und in Scheiben schneiden, Erdbeeren putzen und waschen. Beides auf Backpapier ca. 2 Stunden in den Tiefkühler legen. Im Mixer mit Sirup und Zitronensaft cremig rühren.

Für einen rohköstlichen Eisgenuss statt Ahornsirup ein paar
getrocknete, eingeweichte Datteln zum Süßen verwenden.
Lecker auch als Ki-Ba Eis mit gefrorenen Kirschen.

3 x Eis
Zitronen"Butter"-Sorbet, Himbeer-Joghurt-Eis, Erdbeer-Bananensofteis

Arme Ritter
mit Mohn

250 ml Sojamilch
3 EL Kichererbsenmehl
3 EL gemahlener Mohn
1 Pr. Zimt
2 EL Zucker
4 Scheiben Vollkorntoast
1-2 EL Margarine
Puderzucker
Hagebuttenmarmelade

Toastbrot diagonal in jeweils 4 dreieckige Stücke schneiden. Sojamilch, Kichererbsenmehl, gemahlenen Mohn, Zimt und Zucker mit dem Pürierstab oder Schneebesen in einer größeren Schüssel gründlich verrühren. Die Brotecken in die Mischung legen, gut damit bedecken und 10 Minuten ziehen lassen.

Margarine in einer beschichteten Pfanne zerlassen, die Brotecken mit einer Gabel aus dem Teig fischen, leicht abtropfen lassen und in der Pfanne bei mittlerer Hitze von beiden Seiten je ca. 2 Minuten goldbraun braten.

Noch warm mit Puderzucker bestäuben und sofort mit Hagebuttenmarmelade servieren.

Arme Ritter
mit Mohn

Avocado-Kokos-Shake

1 reife Avocado
300ml Reis- oder Sojamilch
125ml Kokosmilch
Saft einer halben Limette
ca. 200ml Wasser
50-75ml Agavensirup
evtl. etwas crushed Ice

Avocado halbieren, den Kern entfernen und das Fruchtfleisch mit einem großen Löffel herauslösen.

Alles im Mixer oder mit dem Pürierstab auf höchster Stufe cremig rühren. Wasser und Agavensirup je nach gewünschter Konsistenz und Süße dazugeben.

In einem hohen Glas mit Eis und Strohhalm servieren. Papierschirmchen ist optional!

Avocado-Kokos-Shake

Beeren-Terrine mit Marzipan

½ Liter Johannisbeersaft
1 Beutel Agartine
2 Hände voll gemischte frische Beeren
(z.B. Erdbeeren, Himbeeren,
   Brombeeren, Stachelbeeren)
80 g Marzipan
4 cl Orangenlikör

Beeren in 4 kleine Schälchen oder eine große, runde Schüssel geben. Marzipan zu kleinen Kügelchen formen und darauf verteilen. Johannisbeersaft und Agartine gut verrühren, aufkochen und unter Rühren 2 Minuten köcheln lassen. Likör dazugeben und über die Beeren in die Form geben. Im Kühlschrank fest werden lassen.

Mit geschlagener Saane oder Vanillesauce (siehe S. 174) servieren.

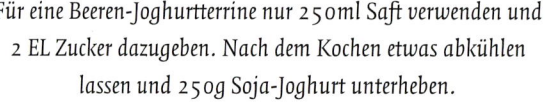

Für eine Beeren-Joghurtterrine nur 250ml Saft verwenden und 2 EL Zucker dazugeben. Nach dem Kochen etwas abkühlen lassen und 250g Soja-Joghurt unterheben.

Beeren-Terrine mit Marzipan

Birnenstich

120 g Zwieback
50 g Margarine
2 EL Puderzucker
etwas Mehl und Margarine für
die Form

300 g Soja-Vanillejoghurt
2 geh. EL Speisestärke
100 g gehobelte Mandeln (oder
Mandelstifte)
80 ml Sojamilch
3 EL Zucker
1 EL Margarine
5-6 Birnen

Zwieback fein zerbröseln. Das geht am besten in der Küchenmaschine oder man gibt ihn in einen Gefrierbeutel, legt ein Tuch darüber und bearbeitet ihn mit dem Nudelholz oder auch mit dem Hammer!

Zwiebackkrümel gut mit Puderzucker und Margarine mischen und in eine gut gefettete und leicht mit Mehl bestäubte Springform drücken, dabei etwa 3cm Rand hochziehen.

Den Boden bei 170°C 10 Minuten blindbacken. Mandeln mit Sojamilch, Zucker und Margarine in einen kleinen Topf geben und bei mittlerer Hitze etwa 5-10 Minuten leicht bräunen lassen. Birnen schälen und kleinschneiden. Joghurt mit der Stärke glattrühren und auf dem Zwiebackboden verteilen. Mit den Birnen belegen und mit der Mandelmasse bestreichen.

Bei 170°C etwa 25-30min backen bis die Mandelkruste schön goldbraun ist. Den Kuchen noch warm mit dem Messer vom Rand lösen, dann abkühlen lassen und aus der Form lösen.

Birnenstich

Bratapfel in Vanillesauce

Bratapfel in Vanillesauce

150 ml Sojamilch
100 ml Saane
1 TL Speisestärke
3 EL brauner Rohrzucker
Vanille

60 g weiche Margarine
125 g Marzipan
2 EL Puderzucker
abgeriebene Schale von einer Bio-
    Orange
6 Datteln ohne Stein
4 EL gehobelte Haselnüsse
1/4 TL Zimt
4 kleine Äpfel

DIE VANILLESAUCE

100 ml Milch und Saane mit Zucker und Vanille aufkochen. Speisestärke gut mit 50 ml Milch verrühren
und mit dem Schneebesen einrühren, bis die Sauce
andickt. Kalt stellen.

DIE BRATÄPFEL

Marzipan mit Margarine, Zucker, Zimt und Orangenschale cremig rühren, (das geht am besten in der Küchenmaschine oder mit dem Handrührgerät). Datteln
in kleine Würfel schneiden und mit den Haselnüssen
unter die Marzipanmasse heben. Mit einem Apfelausstecher das Kerngehäuse aus den Äpfeln entfernen, dann horizontal in 4-5 dicke Scheiben schneiden. Wer keinen Ausstecher hat, schneidet erst die
Scheiben und sticht dann mit einem kleinen Keksaus-
stecher o.ä. das Gehäuse aus. Nun die Äpfel wieder
„zusammenbauen", dabei zwischen jede Scheibe
etwas von der Marzipanfüllung geben. Die Äpfel auf
ein Backblech setzen und bei 170°C etwa 15 Minuten
backen, bis sie schön duften und weich sind. Noch
warm mit der Vanillesauce servieren.

Bratapfel in Vanillesauce

Doppelt schmeckt besser
Doppelkekse mit Schokocreme – 10 Stück

DIE DOPPELKEKSE

100 g weiche Margarine
100 g Zucker
2 EL Saane
140 g (Dinkel-) Mehl
50 g Maistärke
40 g gemahlene Mandeln
1 gestr. TL Backpulver
4 EL grob gehackte Schokolade

Margarine mit Zucker und Saane verrühren.
Mehl, Stärke, Mandeln, Schokolade und Backpulver vermischen, dazugeben und alles schnell verkneten.
Zu einer Rolle formen und in 20 Stücke schneiden, diese erst zu Kugeln, dann flach zu Keksen formen und mit etwa 5cm Abstand zueinander auf ein mit Backpapier ausgelegtes Backblech legen. Im vorgeheizten Backofen bei 180°C 10 Minuten backen. Aus dem Rohr holen und sich nicht wundern, dass sie noch etwas weich wirken, wenn sie abgekühlt sind, haben sie den perfekten Biss.

DIE SCHOKOCREME

50 ml Saane
100 g Schokolade
1 TL Margarine

Während die Kekse backen, die Füllung zubereiten: Saane in einem kleinen Topf erhitzen, Schokolade darin auflösen, Margarine dazugeben und gründlich verrühren. Etwas abkühlen lassen. Immer 2 Kekse mit der „schönen Seite" nach außen mit einem Klecks Schokolade zusammenkleben und abkühlen lassen.

VARIATION

1 Handvoll gehackte Erdnüsse unter den Teig kneten. 1 EL Erdnussbutter unter die Schokoladenfüllung. Schokocréme in einen Spritzbeutel füllen und jeweils auf die Hälfte der Kekse einen Schokokreis spritzen. Etwas Karamellsirup in die Mitte geben und die Kekse zusammendrücken.

Wenn man den Keksteig einen Tag vorher zubereitet, kann man ihn zu einer gleichmäßig dicken Rolle formen und in Alufolie gewickelt im Kühlschrank fest werden lassen. Dann braucht man sie nur noch in etwa ½ cm dicke Scheiben schneiden, die man direkt aufs Backblech (Backpapier!) legen und backen kann. So eine Rolle kann man auch einfrieren, dann kann man immer mal schnell Kekse backen, wenn man eine Krümelattacke hat oder überraschend jemand zum Tee kommt!

Doppelt schmeckt besser
Doppelkekse mit Schokocreme – 10 Stück

Erdbeer Panna Cotta

400 ml Saane
1 Beutel Agartine
Vanille
80 g Zucker
1 TL Maisstärke
30 ml Erdbeersaft

12 Erdbeeren + 4 besonders schöne
 zum Garnieren
2 cl Kirschwasser

Saane mit Agartine, Vanille und Zucker aufkochen. Erdbeersaft und Stärke gründlich verrühren und mit einem Schneebesen in die kochende Saane geben. Auf kleiner Flamme unter Rühren 2 Minuten köcheln lassen.

12 Erdbeeren mit dem Kirschwasser pürieren und unterheben. In Portionsschälchen oder Gläser füllen und zum Festwerden in den Kühlschrank stellen.

Erdbeer Panna Cotta

Früchte-Nussriegel

125 g weiche Margarine
50 g Zucker
100 g gemahlene Mandeln
2 geh. EL Reismehl
1 geh. EL Kichererbsenmehl
1 geh. EL Buchweizenmehl
½ TL Backpulver
1 Tasse gehackte Nüsse
(z.B. Cashews, Mandeln, Haselnüsse,
   Pistazien,...)
1 Banane
10 getrocknete Aprikosen
5 getrocknete Feigen
3 EL Cranberries
50 ml Orangensaft
4 EL Wasser
8 EL brauner Zucker

Für den Boden Margarine und Zucker schaumig rühren. Mandelgrieß, Mehlsorten und Backpulver vermischen und nach und nach dazugeben. Zu einem leicht klebrigen Teig verkneten. Eine flache Auflaufform (ca. 20x25cm) bereitstellen. Teig zwischen 2 Lagen Backpapier etwa auf Größe der Form ausrollen. Mit einer Seite Backpapier nach unten in die Form legen, oberes Papier entfernen und die Teigränder in der Form andrücken. Banane und Trockenobst in kleine Würfel schneiden.

Wasser mit braunem Zucker in einem kleinen Topf auf kleiner Flamme karamellisieren lassen. Nüsse und Früchte dazugeben, kurz umrühren und Orangensaft dazugeben. 2 Minuten unter Rühren köcheln lassen, (eventuell noch etwas Wasser dazugeben).

Früchte-Nussmischung gleichmäßig auf dem Boden verteilen. Bei 170°C ca. 20-25 Minuten backen. Noch warm in Riegel schneiden und abkühlen lassen.

Früchte-Nussriegel

Gefüllte Zwetschgenkrapfen
mit weißer Schokoladensauce

100 ml Saane
50 g weiße Reismilch- oder andere
vegane Schokolade
1 Msp. Vanille
1 EL brauner Zucker

220 ml Sprudelwasser
3 geh. EL Kichererbsenmehl
2 geh. EL Maisstärke
2 geh. EL Maismehl
1 Pr.Salz
70 g Mandelblättchen
2 EL Zucker

12 Zwetschgen
12 geröstete ganze Mandeln
80 g Marzipan
etwas Maisstärke
Puderzucker
Öl zum Frittieren.

DAS WEISSE SCHOKOLADENSÖSSCHEN
Saane mit Vanille und Zucker einmal aufkochen, vom Feuer nehmen und weiße Schokolade hineinrühren. Abkühlen lassen.

DIE ZWETSCHGENKRAPFEN
Wasser gründlich mit Mehlsorten, Zucker und Salz verrühren (das geht am besten mit dem Pürierstab), Mandelblättchen leicht zerbröseln und dazugeben.

Marzipan in 12 Stücke teilen. Zwetschgen halbieren und den Stein entfernen. Je 2 Zwetschgenhälften mit einem Stück Marzipan und einer Mandel füllen und zusammendrücken.

Ausreichend Öl in einem großen Topf erhitzen. Zwetschgen leicht mit Maisstärke bestäuben, durch den Teig ziehen und im heißen Öl portionsweise knusprig goldbraun ausbacken. Auf Küchenkrepp abtropfen lassen. Puderzucker durch ein feines Sieb darüberstäuben. Sofort mit weißer Schokoladensauce servieren.

Frittieröl niemals unbeaufsichtigt lassen! Immer einen ausreichend großen Topf verwenden, falls etwas übersprudelt. Das Öl hat die richtige Temperatur, wenn an einem hineingehaltenen Holzlöffel oder - stäbchen kleine Bläschen hochsteigen. Restliches Frittierfett kann nach dem Abkühlen durch ein feines Metallsieb gegossen und nochmals zum frittieren verwendet werden.

Gefüllte Zwetschgenkrapfen
mit weißer Schokoladensauce

Gewürz-Zwetschgenkuchen
fruchtig herbstlicher Rührkuchen

I

150 ml Mineralwasser
150 ml Öl
50 g Marzipan
6 geh. EL Zucker

II

250 g Vollkornmehl
50 g Speisestärke
1 Pck. Weinsteinbackpulver
3 EL gemahlener Mohn
½ TL Zimt
¼ TL Kardamom

250 ml Sojamilch
3 EL Zucker
1 TL Lebkuchengewürz
Vanille
3 EL Speisestärke

20 Zwetschgen
Margarine oder Öl für die Form
etwas Mehl
1 El Mandelblättchen
1 EL Zucker
½ TL Zimt

DER TEIG

Zutaten I in der Küchenmaschine oder mit dem Handrührgerät cremig rühren.

Zutaten II mischen, dazugeben und gründlich verrühren.

DIE FÜLLUNG

Alle Zutaten für die Füllung in einem kleinen Topf gründlich vermischen und unter Rühren (Schneebesen) einmal aufkochen lassen.

DAS FINISH

Zwetschgen halbieren und entkernen. Den Boden einer Springform (26cm) mit Backpapier auslegen, das heißt, einfach ein geeignet großes Stück Papier zwischen dem Boden und dem Ring festklemmen. Die Seiten einfetten und leicht mit Mehl bestäuben. Erst den Teig in der Form verteilen, dann die Füllung darauf streichen. Die Zwetschgen gleichmäßig darauf legen und mit Mandeln bestreuen. Bei 170°C ca. 35-40 Minuten backen (Stäbchenprobe machen!). Zimt und Zucker vermischen und den warmen Kuchen damit bestreuen. Vorm Anschneiden mindestens eine Stunde auskühlen lassen (das ist der schwierigste Teil!). Am besten lauwarm mit einem großen Klecks Saane servieren.

Probiert statt Zwetschgen auch Äpfel, Birnen oder Aprikosen und spielt mit den Gewürzen (z.B. Apfel mit Orangenschale, Zimt und Koriander, Aprikose mit Safran und Tonkabohne, Birne mit Birnengeist und Vanille...)

Gewürz-Zwetschgenkuchen
fruchtig herbstlicher Rührkuchen

Glühbirne

1 l Weißwein
½ l Birnensaft
4 Anissterne
4 Gewürznelken
1 Stange Zimt
½ Tasse Zucker
1 Orange
3 Birnen
½ Tasse gehobelte Mandeln
4 EL Rosinen oder Cranberries
4 cl Calvados

Orange heiß abwaschen und in Scheiben schneiden. Zusammen mit Weißwein, Birnensaft, Zucker und Gewürzen in einem Topf erhitzen, nicht kochen lassen.

Birne in feine Würfel schneiden, Mandeln in einer trockenen Pfanne goldbraun rösten. Beides zusammen mit Cranberries in den heißen Punsch geben und alles mindestens eine halbe Stunde durchziehen lassen. Calvados dazugeben und heiß servieren.

Den Punsch kann man gut vorbereiten. Gut gekühlt und verschlossen hält er sich recht lange. Dann einfach portionsweise erhitzen. Den Calvados dann erst kurz vorm Servieren dazugeben.

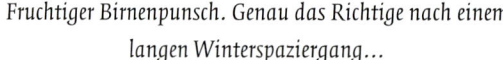

Fruchtiger Birnenpunsch. Genau das Richtige nach einem langen Winterspaziergang…

Glühbirne

Ingwer-Dattel-Panna Cotta
6-8 Portionen

DIESE ORIENTALISCHE VARIANTE DES ITALIENISCHEN KLASSIKERS
KOMMT GANZ OHNE ZUCKER AUS. DIE DATTELN UND ETWAS AGAVEN-
SIRUP GEBEN GENUG NATÜRLICHE SÜSSE.

12 Datteln
80 ml Wasser
200 ml Orangensaft
350 ml Kokosmilch
4cm Ingwer
4 EL Agavensirup
1 Beutel Agartine
1 TL Maisstärke
2 EL Zitronensaft
200 g Physalis
100 ml Pfirsichsaft (100% Frucht)
50 ml Weißwein
1 gestr. TL Maisstärke
2 cl Orangenlikör

Datteln entkernen, in einem kleinen Topf mit dem
Wasser 3 Minuten köcheln lassen und fein pürieren.
Ingwer schälen und fein reiben. Agartine mit dem
Schneebesen gründlich im Orangensaft auflösen. Mit
Ingwer und Kokosmilch verrühren. Unter Rühren
aufkochen und 2 Minuten köcheln lassen. In einer
kleinen Schüssel Zitronensaft und Stärke vermischen
und in die kochende Flüssigkeit rühren, bis diese
leicht eindickt. Agaven- und Dattelsirup dazugeben.
Masse in Gläser oder Portionsschälchen füllen und
im Kühlschrank fest werden lassen.

Physalis aus der papierartigen Hülle lösen und die
Früchte halbieren.
Pfirsichsaft aufkochen. Mit in Weißwein angerühr-
ter Speisestärke leicht abbinden. Physalis dazugeben und 1 Minute sanft köcheln lassen. Orangenlikör
dazugeben. Die Sauce abkühlen lassen und mit der
Panna Cotta servieren.

Ingwer-Dattel-Panna Cotta
6-8 Portionen

Kalter Weihnachtshund
(K)alter Hund, äh Hut in
weihnachtlichem Gewand!

100 g Saane
1 Prise Kardamom
1 Msp Koriander
¼ TL Zimt
abgeriebene Schale von einer halben
   Orange
60 g Kokosfett
200 g Zartbitter Schokolade
150 g Spekulatius

Saane mit den Gewürzen und Orangenabrieb aufkochen. Kokosfett etwas kleinschneiden und Schokolade in Stücke brechen. Beides unter Rühren in die heiße Saane geben und auf ganz kleiner Flamme unter ständigem Rühren schmelzen.

Eine eckige Plastikdose (ca. 10 x15 cm) mit Klarsichtfolie auslegen (ein Tropfen Öl oder Wasser lässt die Folie besser in der Form haften). So viel von der Schokomasse hineinfüllen, dass der Boden gerade bedeckt ist (knapp ½ cm hoch).Einige Kekse nebeneinander darauflegen und wieder mit Schokomasse bedecken. So fortfahren, bis Kekse und Schokolade verbraucht sind. Die letzte Schicht sollte Schokolade sein.

Im Kühlschrank mehrere Stunden fest werden lassen. Vorsichtig aus der Form lösen und in Würfel von etwa 2 x 2 cm schneiden.

Wer mag, kann noch gebrannte Mandeln, Marzipan(-Kartoffeln), kleine Würfel von hellem Nougat oder in Rum eingelegte Rosinen mit einschichten.

Kalter Weihnachtshund
(K)alter Hund, äh Hut in weihnachtlichem Gewand!

Knusprige Erdbeerlasagne

DIE LASAGNE

500 g schöne Erdbeeren
10 Blättchen Zitronenmelisse oder
  Minze
3 EL Agavensirup
1 EL Limettensaft
8 Wan Tan Blätter
Öl zum Frittieren
Puderzucker

Erdbeeren waschen, putzen und je nach Größe vierteln oder halbieren. 4 schöne zur Deko beiseite legen. Melisse in feine Streifen schneiden. Erdbeeren mit Melisse, Agavensirup und Limettensaft marinieren. Öl ca. 2cm hoch in einen kleinen Topf geben und erhitzen (es hat die richtige Temperatur, wenn an einem hineingehaltenen Holzlöffelstiel kleine Bläschen aufsteigen). Die Wan Tan Blätter darin nacheinander jeweils ca. 1 Minute knusprig frittieren, auf Küchenkrepp abtropfen lassen und sofort mit Puderzucker bestäuben.

DIE SAUCE

100 ml Kokosmilch
2 EL Zucker
1 Prise Vanille
1 gestrichener TL Speisestärke
2 EL Wasser oder Zitronensaft

Kokosmilch mit Zucker und Vanille aufkochen. Stärke im Wasser auflösen, unter Rühren in die kochende Kokosmilch geben und die Sauce damit abbinden.

Abschließend abwechselnd Erdbeeren und Knusperblätter auf den Tellern stapeln. Mit Kokossauce, Beeren und frischer Minze garnieren.

Knusprige Erdbeerlasagne

Kokospudding
mit Banane und Karamellnüssen

400ml Kokosmilch
50 ml Zitronensaft
4 EL Zucker
4 gestrichene EL Reismehl
100ml Wasser

Kokosmilch mit Zitronensaft und Zucker aufkochen. Reismehl und Wasser gründlich vermischen und unter Rühren in die kochende Kokosmilch geben, bis diese eindickt. In 4 Schälchen verteilen.

1 Banane
1 Handvoll Cashewnüsse
Wasser
4 EL Zucker

Banane in kleine Würfel schneiden. Cashews in einer kleinen beschichteten Pfanne hellbraun rösten. 1 EL Wasser und 4 EL Zucker dazugeben und unter ständigem Rühren karamellisieren lassen. Noch 2 EL Wasser dazugeben und 1 Minute weiterrühren. Banane dazugeben. Masse auf die Puddingschälchen verteilen und kaltstellen.

Variation
Vom fertigen Pudding zunächst nur die Hälfte der Masse auf die Schälchen verteilen. 1 TL grünes Teepulver gründlich mit der übrigen Masse verrühren und dann auf der Kokoscrème verteilen.

Kokospudding
mit Banane und Karamellnüssen

Mango-Schnittchen

300 g Mehl
100 g Nüsse
1 TL Backpulver
200 g Margarine
120g brauner Rohrzucker
3-4 EL Kokosmilch oder Wasser

450 g Saane
1 Beutel Agar Agar (Agartine)
3 TL Speisestärke
6 EL Rohrzucker
Saft von 1 Limette
350 g Mangopüree

DER MÜRBETEIG

Mehl, Nüsse und Backpulver in einer Schüssel mischen. Mit Margarine, Zucker und Flüssigkeit zu einem festen Teig kneten. Auf Backpapier auf ca. 20 x 30 cm Größe ausrollen. Einen verstellbaren Backrahmen benutzen oder aus gefalteter Alufolie einen Rand von ca. 5 cm Höhe basteln. Den Teig am Rahmenrand fest andrücken, damit später die Füllung nicht durchläuft.

DAS FINISH

150 ml Saane mit Zucker und Agar Agar aufkochen und unter Rühren 2 Minuten leise köcheln lassen. Restliche Saane, Mangopüree, Stärke und Limettensaft gründlich unterrühren und die flüssige Masse in den Rahmen auf den Mürbeteigboden geben.

Bei 160°C 15 Minuten backen. Vorm Anschneiden komplett auskühlen lassen.

Mango-Schnittchen

Melonen-Gurken-Smoothie

1/3 Salatgurke
1/2 kleine Galia Melone
ca. 4 cm Ingwer
4-6 El Agavensirup
Saft einer halben Limette
etwas kaltes Wasser
evtl. Eiswürfel oder crushed Ice

Gurke schälen, halbieren, Kerngehäuse entfernen und kleinschneiden. Mit einem großen Löffel die Kerne aus der Melone entfernen. Das Fruchtfleisch aus der Schale schneiden und in ein hohes Gefäß geben.

Ingwer fein reiben und mit Agavensirup, Limettensaft und Gurke zur Melone geben. Mit dem Pürierstab unter Zugabe von etwas Wasser bis zur gewünschten Konsistenz pürieren.

In hohe Gläser füllen und je nach Geschmack mit Eis und Fruchtspalten garnieren.

Sofort genießen und erfrischt fühlen!

Melonen-Gurken-Smoothie

Mini-Apfelkuchen
für 12 Muffinförmchen

300 g Vollkornweizenmehl
50 g Speisestärke
200 g Margarine
100 g Rübensirup
4 EL Orangensaft
etwas Margarine und Mehl
für die Form

DER TEIG

Alle Zutaten gut zu einem festen Teig verkneten, zu einer Rolle von ca. 6 cm Durchmesser formen, in Folie wickeln und kaltstellen (Während der Teig ruht, die Füllung zubereiten).

Rolle in 24 Scheiben von ca. 0,5cm schneiden und diese leicht ausrollen. Muffinförmchen einfetten und leicht mit Mehl bestäuben. 12 Teigkreise als Boden in die Förmchen geben und leicht andrücken.

3 Äpfel
4 EL brauner Zucker
6 EL Apfelmus
1 Handvoll Walnüsse
3 EL getr. Cranberries
2 EL Zitronensaft
½ TL Zimt
Vanille
1 Prise Kardamom
4 EL Aprikosenmarmelade
1 EL Wasser

WEITERE ZUTATEN

Äpfel schälen und in kleine Würfel schneiden, Walnüsse grob hacken. Alles mit Apfelmus, Cranberries, Zitronensaft, Gewürzen und Zucker vermischen. Füllung auf dem Teig in den Förmchen verteilen.
Die 12 übrigen Teigkreise als Deckel aufsetzen und gut am Teigrand festdrücken.

Mit einem Holzstäbchen am Deckelrand ein paar Löcher pieksen, damit die heiße Luft beim Backen entweichen kann und die Küchlein nicht platzen.
Aus den Teigresten kleine Figürchen ausstechen und mit etwas Wasser auf die Törtchen kleben.
Bei 170°C etwa 15 Minuten goldbraun backen.
Marmelade mit Wasser in einem kleinen Topf schmelzen. Die warmen Apfelküchlein damit abglänzen. Abkühlen lassen.

Mini-Apfelkuchen
für 12 Muffinförmchen

Mohn-Grieß-Schnittchen
mit Kokosnuss und Mango

400 ml Reismilch
4 EL Zucker
Vanille
4 EL gemahlener Mohn
100 g Hartweizengrieß

2 EL Margarine
2 EL Kokosflocken
1 Mango
4 EL Ahornsirup
2 EL Wasser

Reismilch mit Mohn, Zucker und Vanille aufkochen, Grieß einstreuen und unter Rühren kurz aufkochen lassen, bis sich die Masse vom Topfboden löst. Glatt etwa 2cm dick auf einen Teller oder eine Platte streichen und auskühlen lassen.

Inzwischen Mango schälen und in Spalten schneiden. Feste Grießmasse in Dreiecke oder Quadrate schneiden. Margarine in einer beschichteten Pfanne zerlassen und die Schnittchen darin von beiden Seiten leicht hellbraun braten. Kokosflocken dazugeben und kurz mitbräunen. Herausnehmen und warmstellen.

Pfanne säubern und Mangospalten, sowie Ahornsirup und Wasser hineingeben. 1 Minute einköcheln lassen und mit den warmen Grieß-Schnittchen servieren.

Mohn-Grieß-Schnittchen
mit Kokosnuss und Mango

3X SÜß

Mozarthäppchen

125 g Nougat
200 g Marzipan
250 g Zartbitterschokolade
25 g gehackte Pistazien

Nougat im Wasserbad erwärmen bis es streichfähig ist. Ein Quadrat von ca. 25x25cm auf eine Seite Backpapier zeichnen. Papier umdrehen und Nougat gleichmäßig daraufstreichen, dabei das gezeichnete Viereck als Rahmen benutzen. Mit der Hälfte der Pistazien bestreuen. Nougatplatte mit Papier auf ein Backblech oder ähnliches ziehen und im Kühlschrank fest werden lassen. Schokolade in Stücke brechen, in eine Schüssel geben und ins Wasserbad stellen. Marzipan auf einer weiteren Lage Backpapier auf die Größe der Nougatplatte ausrollen. Sehr dünn mit geschmolzener Schokolade bestreichen. Blech mit dem Nougat aus dem Kühlschrank nehmen und auf die Arbeitsfläche stellen. Marzipanplatte mit der Schokoladenseite auf das Nougat legen und festdrücken. Backpapier abziehen. Restliche Schokolade auf der Marzipanschicht verstreichen und mit den übrigen Pistazien bestreuen. Mit einem Messer ein Gittermuster mit Abständen von 2-3cm markieren. Alles im Kühlschrank fest werden lassen. Entlang der Markierung in kleine Quadrate schneiden.

Blitz Schoko-Haselnuss Konfekt

6 Scheiben Knäckebrot
200 g Zartbitter Schokolade
100 g Kokosfett
50 g Haselnüsse, gehackt
Vanille

Haselnüsse in einer Pfanne ohne Fett hellbraun rösten. Schokolade in Stücke brechen, Kokosfett kleinschneiden. Beides in einem Schüsselchen in ein Wasserbad stellen und schmelzen, Haselnüsse und Vanille unterrühren. Masse etwas abkühlen lassen, dabei ab und zu umrühren. Schokoladenmasse auf 3 Knäckebrotscheiben verteilen und jeweils mit einer zweiten Scheibe abdecken. Im Kühlschrank fest werden lassen und danach mit einem sehr scharfen Messer vorsichtig in Würfel schneiden.

Die Haselnusswürfelchen sollten noch am selben Tag verputzt werden, weil das Knäckebrot am nächsten Tag nicht mehr so schön knusprig ist. Falls nicht genug freiwillige Helfer da sind, lieber erstmal nur die Hälfte machen.

MOZARTHÄPPCHEN SCHRITT 1

SCHRITT 2

SCHRITT 3

SCHRITT 4

Sesam-Feigen

Sesamkörner in einer Pfanne ohne Fett goldbraun rösten. Schokolade im Wasserbad schmelzen.

Feigen in Spalten schneiden und erst zur Hälfte in die flüssige Schokolade tunken, dann in Sesam wälzen. Auf Backpapier abkühlen lassen.

4 Feigen
80 g Zartbitter Schokolade
50 g Sesamkörner

Pistazien-Bananeneis

80 g geschälte Pistazien
1 Tasse (200ml) Wasser
1 Tasse Rohrzucker
1/2 Tasse Kokosmilch
2 EL Zitronensaft
4 kleine sehr reife Bananen
4 Babybananen
4 EL Ahornsirup
1 EL Margarine

Pistazien mit 2 EL Ahornsirup und 1 EL Rohrzucker in einer Pfanne karamellisieren lassen und sofort auf einen Bogen Backpapier verteilen. Abkühlen lassen und grob hacken.

Wasser, restlichen Zucker, Kokosmilch und Zitronensaft in einem kleinen Topf aufkochen und 5 Minuten köcheln lassen. Die 4 kleinen, sehr reifen Bananen in Scheiben schneiden und ca. 1 Minute mitköcheln. Alles pürieren und mindestens 6 Stunden in einem geeigneten Behälter ins Tiefkühlfach stellen (am besten über Nacht).

15-20 Minuten antauen lassen, in die Küchenmaschine geben und cremig rühren (am besten vorher stürzen und etwas kleinschneiden, um den Mixer etwas zu unterstützen), die Pistazien dazugeben. Nochmals ca. 90 Minuten im Eisfach fest werden lassen.

Die vier Babybananen quer halbieren. Margarine in einer Grillpfanne zerlassen und die Bananen darin 1-2 Minuten braten. Mit Ahornsirup beträufeln und mit dem Eis servieren.

Pistazien-Bananeneis

Schnelle Früchtetörtchen
10 Stück

DER TEIG

1 Packung Blätterteig (270 g)
etwas Margarine und Mehl für die
Förmchen

Vom Blätterteig 10 Kreise von etwa 10cm Durchmesser ausstechen. Dabei Ränder einfach zu größeren Stücken zusammensetzen und auch ausstechen. 10 Muffinförmchen mit Hilfe eines Papiertuchs einfetten und leicht mit Mehl bestäuben.
Die Blätterteigkreise in die Förmchen legen und leicht andrücken.

FÜR DIE FÜLLUNG

250 g Soja Vanillejoghurt
100 ml Saane
2 EL Zitronensaft
3 EL Puderzucker
3 gehäufter EL Maisstärke
400 g gemischte Früchte

Alle Zutaten für die Füllung sehr gründlich verrühren und in die Förmchen füllen. Etwa 400g gemischte Früchte (z.B. Äpfel, Feigen, Brombeeren, Kiwis, Physalis...) je nach Sorte schälen, kleinschneiden und auf den Törtchen verteilen.

Im vorgeheizten Backofen bei 200°C ca. 10-15 Minuten backen.

Schnelle Früchtetörtchen
10 Stück

Zitronentörtchen
8 Stück

DIE FÜLLUNG

200 g Seidentofu
50 ml Saane
50 ml Zitronensaft
abgeriebene Schale von einer Zitrone
150 g Puderzucker
3 geh. EL Reismehl

Alle Zutaten für die Füllung im Mixer oder mit dem Pürierstab sehr cremig rühren.

DER TEIG

120 g weiche Margarine
80 g Rohrzucker
200 g Mehl
1 Prise Salz
etwas Fett und Mehl für die Förmchen

1 EL Orangenmarmelade

Aus den Zutaten rasch einen festen Teig kneten.
8 Muffinförmchen einfetten und leicht mit Mehl bestäuben. Den Teig in die Förmchen drücken, dabei einen etwa 2 cm hohen Rand formen.
Teigböden mit etwas Orangenmarmelade bestreichen und die Zitronenfüllung darauf verteilen.
Die Törtchen im Ofen bei 160°C etwa 15 Minuten backen. Abkühlen lassen.

Zitronentörtchen
8 Stück

Mini Friesentörtchen
Schnell mal Süß! Ein absolutes Blitz-Dessert

1 Packung Blätterteig (TK)
2 EL Zucker
etwas Mehl

8 EL Pflaumenmus
1 Dose vegane Sprühsaane
2 EL Puderzucker

Blätterteig antauen lassen. Auf einem Stück Backpapier mit Zucker bestreuen und mit ein wenig Mehl leicht ausrollen.

Mit einem Glas 16 Kreise ausstechen. Mit etwas Abstand auf ein weiteres Stück Backpapier setzen und mit einer Gabel einige Male einstechen. Das Papier auf ein Backblech oder -rost ziehen und die Blätterteigkreise bei 190°C etwa 12 Minuten goldbraun backen. Abkühlen lassen.

Jeweils 8 Kekse leicht flachdrücken und mit Pflaumenmus bestreichen, einen dicken Klecks Saane daraufgeben und mit einem weiteren Keks abdecken. Mit Puderzucker bestäuben.

Mini Friesentörtchen
Schnell mal Süß! Ein absolutes Blitz-Dessert

REGISTER

STECKBRIEF

EIN DICKES DANKESCHÖN!

Das Projekt „erstes Kochbuch" haben wir natürlich nicht ganz alleine verbrechen können und so hatten wir Mittäter und unterstützende Kräfte, die es ermöglicht haben, unser Werk zu vollführen.

Folgenden Mittätern wird gedankt für die Korrektur des Planes, die Überwachung des Projekts, die Bereitstellung des Fluchtfahrzeugs etc., etc., etc., …

Die Hauptverdächtigen:
Mama „KopfDerBande" Hartanto, Papa „BeCarefulWithThat" Hartanto, Mama „BesterApfelsaftDerWelt" Happe, Papa „OldSurehand" Happe, Walter „TheWicked", Jannis „ILikeThatYellow"

Die Mittäter:
Das gesamte Team des Lucky Leek, ihr macht (und habt ;) echt nen super Job!

Daniel, Aleks, Biene, Malte, Tommé, Jürgen – auf die nächsten Coups mit euch freuen wir uns schon jetzt!

Dank auch an die dunklen Gestalten im Hintergrund:
Ale Rub, Leiv, Basti, Sven & Roland und die restliche Zander Crew, Frank & Thorsten, die uns mit Rat und Tat, netten Worten oder einfach einem guten Glas Wein zur Seite standen.

Für die Verpflegung, wenn wir mal nicht selber kochen wollten oder konnten, vielen Dank ans Vego Foodworld® mit seinem Team!

Meinem Liebsten Subi, der all die wunderschönen Fotos geschossen hat und mich auch sonst nicht nur seelisch mit aller Kraft unterstützt hat. Ohne den hieltet ihr jetzt nicht dieses tolle Buch in der Hand!

LUCKY LEEK

Wer mal keine Lust zu kochen hat, kann uns
im Restaurant besuchen und unsere neuesten
Kreationen verköstigen.

Lucky Leek
Kollwitzstraße 54
10405 Berlin

Wir sind erreichbar unter

www.lucky-leek.com

Für allgemeine Anfragen schreibt bitte an

kontakt@lucky-leek.com

Für Reservierungen

booking@lucky-leek.com

(+49) 30 664 087 10

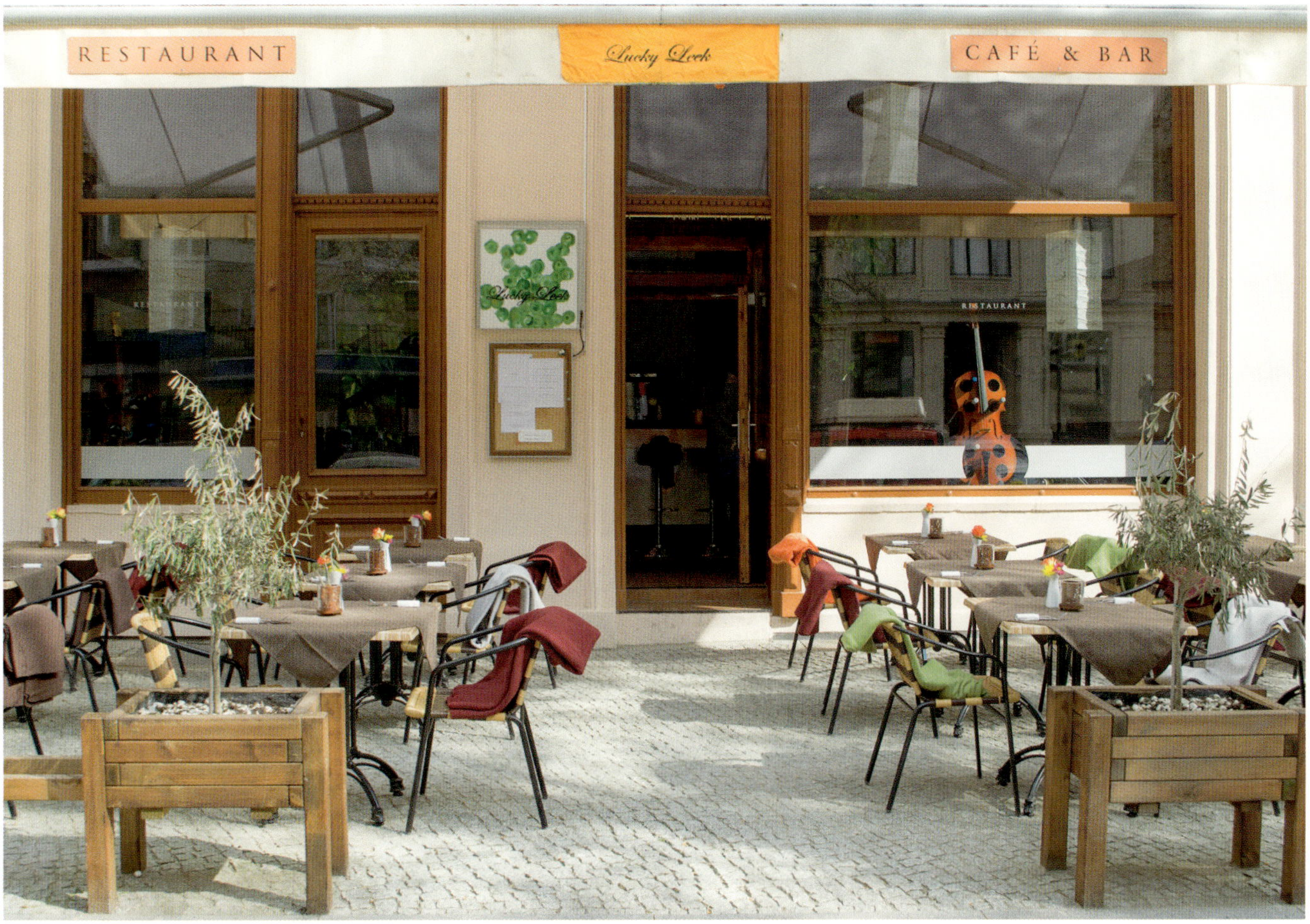
RESTAURANT
Lucky Leek
CAFÉ & BAR

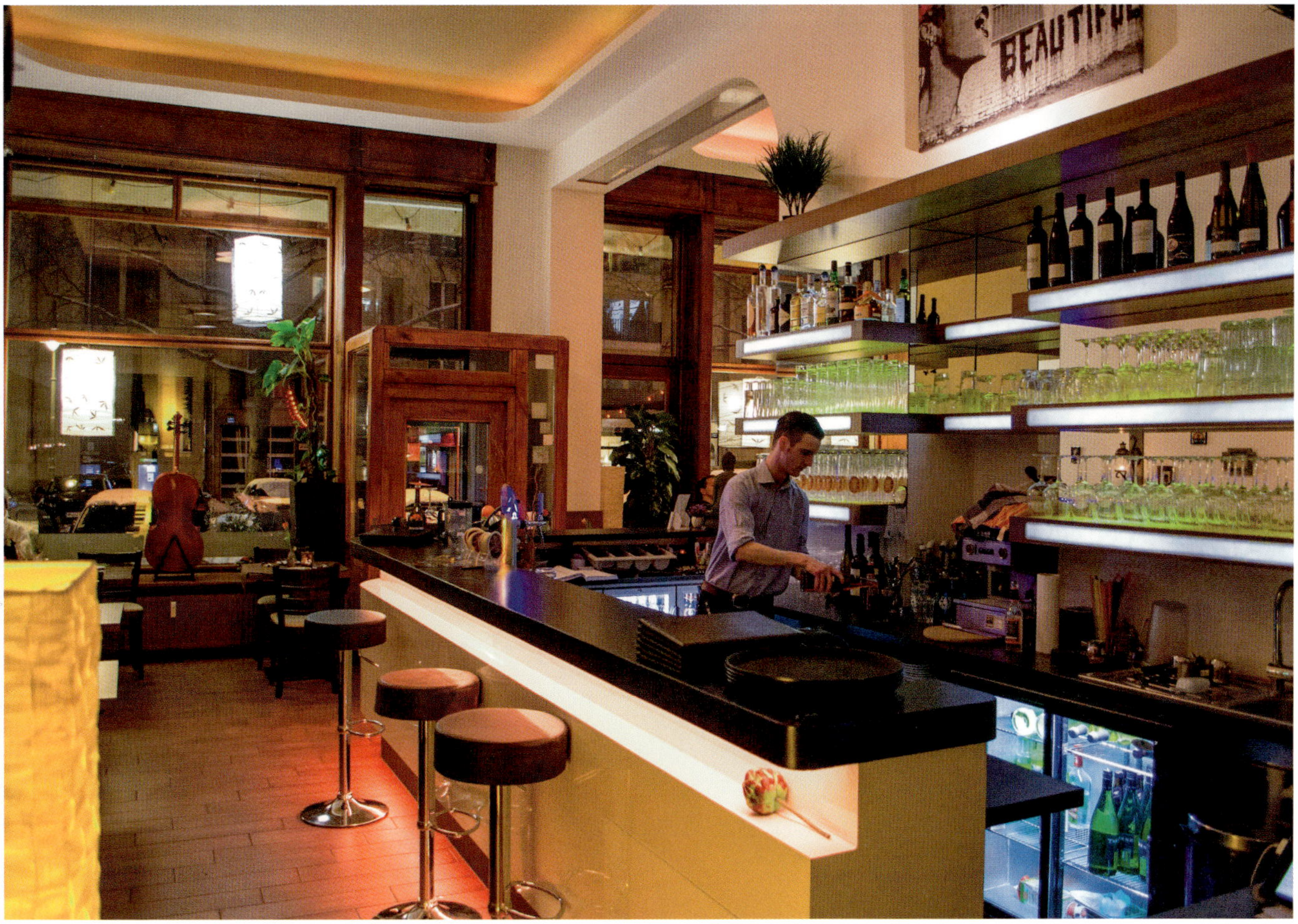

IMPRESSUM

© Neun Zehn Verlag Walter Unterweger
Kreuzstraße 21, 13187 Berlin - Germany
www.neunzehn-verlag.de

3. Auflage 2013
ISBN-13: 978-3942491211
Printed 2013 in Germany

Rezepte: Josita Hartanto

Fotografie: Sebastian Happe Sinémus

Gestaltung: Jannis Schulze

Druck: Offizin Andersen Nexö Leipzig GmbH

Dank an Jörn Thiede und Oberflächenwelt (Location Cover)

und Frieda Rommel (Vögel Cover)